4주 만에 끝장내는

시원스쿨 인도네시아어 OPI

하영지 지음

시원스쿨
인도네시아어 OPI

개정1쇄 발행 2023년 3월 17일
개정2쇄 발행 2024년 3월 4일

지은이 하영지
펴낸곳 (주)에스제이더블유인터내셔널
펴낸이 양홍걸 이시원

홈페이지 indonesia.siwonschool.com
주소 서울시 영등포구 영신로 166 시원스쿨
교재 구입 문의 02)2014-8151
고객센터 02)6409-0878

ISBN 979-11-6150-696-8 13730
Number 1-440701-18181800-06

머리말

인도네시아어가 한국 사회에서 중요한 제2외국어로 자리 잡고 있습니다. 인도네시아어 능력을 인증 받을 수 있는 가장 대중화된 시험은 OPI 인증 평가입니다. 그러나 인도네시아어 OPI 인증 평가에 대한 정보가 부족하여 어려움을 겪는 학습자들이 많습니다. 그래서 학습자들의 어려움을 해결하고자 본서를 기획하게 되었습니다.

시중의 교재는 NL(Novice Low)부터 Superior에 이르기까지 모든 수준을 아우르려 하다 보니, 교재의 내용과 수준이 지나치게 광범위해서 수험생이 실질적으로 필요로 하는 수준의 내용은 부족한 단점이 있었습니다. 그래서 필자는, 인도네시아 출장 시 요구되는 IL(Intermediate Low)과 주재원 및 취업에서 요구되는 IM(Intermediate Mid)을 목표로 하는 수험생이 대다수인 점에 착안하여, 본서의 난이도를 IL ~ IM으로 맞추되, 이를 다시 IL을 위한 모범 답안과 IM을 위한 모범 답안으로 구분하여 각각 제시하였습니다.

Basic Question 파트에서는 긴 문장 형식의 문제와 짧은 질의응답 형식의 문제 모두에 대비할 수 있도록, 다양한 질문과 대답을 제시하고 있습니다. 나아가 각 챕터의 마지막에는 실전 연습하기를 마련해 자신만의 답안을 작성할 수 있도록 하였습니다. Role play 파트에서는 반복되는 패턴과 핵심 어휘를 중심으로 시험에 자주 출제되는 질문을 제시하여 자연스러운 연습을 할 수 있도록 하였습니다. Issue Question 파트는 사회적 이슈에 대해 설명하거나 이에 대한 자신의 의견을 제시하는 부분으로, 중급 이상의 패턴과 어휘들을 바탕으로 꼬리물기 질문을 제시해 심화 질문에 대비할 수 있도록 하였습니다.

필자는 다년간 수많은 기업체 및 개인을 대상으로 강의를 하며 OPI 시험에 직접 응시하여 기본적인 시험 유형뿐만 아니라 새로운 트렌드도 놓치지 않으려 해 왔습니다. 이러한 경험을 녹여 본서를 집필한 만큼, 본서는 학습자가 자신의 목표를 달성하는 데 실질적인 도움을 줄 수 있을 것입니다. 인도네시아어 OPI 시험을 준비하시는 여러분 모두에게 좋은 결과가 있으시길 바랍니다.

저자 하영지

OPI 소개

OPI란

- OPI(Oral Proficiency Interview)는 1:1 인터뷰 방식의 언어 말하기 평가로, ACFTL 공인 평가자와의 전화 인터뷰로 시행됨
  *설문조사, 자체 평가 단계 없음
- 일상생활에서 얼마나 효과적이고 적절하게 해당 언어를 구사할 수 있는가를 측정함
- 평가 내용의 전반부는 본인 및 가족, 회사 업무, 취미, 관심사, 정치, 사회적 이슈 등으로, 후반부는 Role Play로 구성됨

자기소개, 가족, 회사, 취미, 관심사 → **Role Play**

시험 시간	약 30분
시험 응시 가능 일시	평일 (화요일~금요일), 오전 9시~11시 *월요일, 토요일, 일요일 및 공휴일 불가
시험 장소	서울공자아카데미 강남중국어학원
시험 신청 방법	홈페이지 신청(www.opic.or.kr)
응시 자격 및 시험 횟수 제한	OPI 최종 응시일로부터 90일 이후에 시험 응시 가능
성적 유효 기간	응시일로부터 2년간 유효
응시료	154,000원 (부가가치세 포함) *2024년 기준
평가 등급	10개 등급 *절대평가

*위 내용은 www.opic.or.kr에 명시된 내용을 토대로 2024년 기준으로 작성하였으므로 상황에 따라 바뀔 수 있습니다. 해당 내용을 홈페이지에서 다시 한번 확인해 주세요!

평가 등급

등급		등급 기준
Superior	⑩ Superior	언어 구사가 정확하고 유창하며, 다양한 주제의 대화 가능. 논리적인 주장과 대안을 제시하며 이를 뒷받침하는 가설을 구조화 할 수 있음. 추상적인 대상을 표현함에도 논리적 일치성 유지. 소리의 높낮이, 강세, 억양 적절히 사용
Advanced	⑨ AH (Advanced High)	시제를 정확히 구사하며 일관되고 완전한 서술 가능. 가설을 세워 논리적인 설명을 하며 본인의 의사를 피력할 수 있음. 추상적, 전문적인 영역의 주제에 대한 토론 가능
	⑧ AM (Advanced Mid)	개인적인 주제의 대화를 적극적으로 이야기할 수 있으며, 공적인 주제도 다룰 수 있음. 모든 시제 사용에 어려움이 없고 문단 단위의 대화 가능. 논리적인 서술과 묘사 또한 문단 단위로 표현 가능하며, 일반적이지만 광범위한 어휘 사용
	⑦ AL (Advanced Low)	사건을 서술할 때 일관적으로 동사 시제를 관리하고, 사람과 사물을 묘사할 때 다양한 형용사 사용. 적절한 위치에서 접속사 사용
Intermediate	⑥ IH (Intermediate High)	익숙하지 않거나 예측하지 못한 복잡한 상황을 만났을 때, 사건을 설명하고 문제를 효과적으로 해결할 수 있음. 발화량이 많고 다양한 어휘 사용 가능
	⑤ IM (Intermediate Mid)	일상적인 소재뿐 아니라 개인적으로 익숙한 상황에서 문장을 나열하며 자연스럽게 말할 수 있음. 다양한 문장 형식이나 어휘를 실질적으로 사용하려고 하여 상대방이 배려해 주면 오랜 시간 대화 가능
	④ IL (Intermediate Low)	일상적인 소재에 관해 문장으로 말할 수 있음. 선호하는 소재에 대해 자신감을 가지고 말할 수 있음
Novice	③ NH (Novice High)	일상적인 대부분의 소재에 대해 문장으로 말할 수 있음. 개인 정보에 관한 질문을 하고 응답할 수 있음
	② NM (Novice Mid)	이미 암기한 단어나 문장으로 말할 수 있음
	① NL (Novice Low)	제한적인 수준이지만 외국어 단어를 나열하여 말할 수 있음

OPI 신청 및 응시 방법

1. **시험 신청**
   www.opic.or.kr
2. **응시료 입금**
   154,000원
   *2024년 기준
3. **시험 일정 협의**
   1순위, 2순위
   2개 입력
4. **시험 일정 공지**
   신청자 이메일
5. **평가 응시**
   서울공자아카데미
   강남중국어학원
6. **결과 공지**
   www.opic.or.kr

응시 유의 사항

- 반드시 시험 시작 10분 전까지 도착해 대기해야 함
  *5분 이상 지각할 경우 결시 처리됨
- 규정된 신분증(주민등록증, 운전면허증, 여권)을 지참해야 함
  *기간 만료된 여권, 학생증, 사원증 불가
- 시험 취소 및 변경은 시험일 3일 전까지 가능
  *일정을 변경할 경우 취소 후 재접수 해야 함
- 평가 결과는 시험일로부터 14일째 되는 날 오후 1시에 홈페이지(www.opic.or.kr)를 통해 확인 가능
  *성적 유효 기간은 응시일로부터 2년

OPI, 이렇게 준비하세요!

· 시험장에 도착하면 시험 시간까지 외부에서 대기하게 됩니다. 대기하는 동안 휴대폰과 소지품을 이용할 수 있으므로 이때는 시험을 준비하는 것이 좋습니다. 시험장 안에서는 개인 소지품을 아무것도 사용할 수 없으며, 입실한 후에는 책상 위를 깨끗이 하여야 합니다.

· 시험을 시작할 때와 시험 사이의 안내 사항은 영어로 진행되므로 갑작스럽게 영어가 나오더라도 당황하지 말고, 지시사항을 잘 들은 후 안내 내용을 따라야 합니다. 안내 멘트에 대해 제대로 이해하지 못했을 경우 인도네시아어로 들려 달라고 요청할 수 있습니다.

· 시험 중 질문 내용이 잘 이해되지 않을 경우 다시 한번 물어볼 수 있습니다. 'Tolong ulangi lagi.' (다시 한번 말씀해 주세요) 혹은 'Maaf, suaranya kurang jelas. Bisa ulangi lagi?' (죄송합니다, 소리가 잘 안 들리네요. 다시 말씀해 주실 수 있나요?)라고 요청해 보세요. 모르는 단어를 듣게 되면 'Apa artinya kata A?' (A 단어의 의미가 무엇인가요?) 혹은 'Bisakah jelaskan arti kata A?' (A 단어의 의미를 설명해 주실 수 있나요?)라고 물어볼 수 있습니다.

· OPI 시험은 내가 한 답변을 토대로 꼬리 질문이 이어지는 경우가 많습니다. 그러므로 시험을 준비하면서 미리 준비한 답변에서 어떤 질문이 추가로 이어질 수 있을지를 예측하여, 그에 대한 준비를 꼼꼼하게 하는 것이 필요합니다.

· 질문을 듣고 대답할 때 균일한 속도를 유지하는 것이 중요합니다. 아는 문제가 나왔을 때 빠른 속도로 대답하고, 모르는 문제가 나왔을 때 속도가 느려지면 좋은 점수를 받기 어렵습니다. 그러므로 적당한 속도로 말할 수 있도록 꾸준히 훈련하는 것이 좋습니다.

Q&A

Q. OPI와 OPIc의 차이는 무엇인가요?

OPI와 OPIc은 같은 맥락의 시험이지만, OPI의 경우 1:1 전화 인터뷰로 시험이 진행되는 반면 OPIc은 컴퓨터를 기반으로 진행되는 IBT 시험이라는 점에서 차이가 있습니다. 인도네시아어는 OPIc 시험 어종에 포함되지 않으므로 OPI만 응시하실 수 있습니다.

Q. 인도네시아어 자격 시험에는 어떤 것들이 있나요?

가장 많이 응시하는 시험으로는 말하기 평가 시험인 OPI와 듣기, 읽기 영역을 평가하는 FLEX가 있습니다. 이 외에 인도네시아 현지에서 응시할 수 있는 시험으로는 인도네시아 대학교(UI) 주관의 TIBA와 인도네시아 교육부 주관의 UKBI 등이 있습니다.

Q. 학원에 가지 않고 혼자서 공부하려고 하는데 괜찮을까요?

OPI는 응시자의 회화 테크닉을 평가하는 시험이므로 정확한 문법 사용, 명확한 발음, 대화를 이어 나가는 센스 등 스스로 말하기 연습을 반복하는 것이 무엇보다 중요합니다. 따라서 올바른 교재나 강의 등의 가이드를 받고 꾸준히 연습한다면 충분히 좋은 결과를 기대할 수 있습니다.

Q. 이 책을 어떤 식으로 활용하면 좋을까요?

우선 필수 어휘, 필수 패턴, 필수 문법으로 기초를 다지세요. 그 다음에는 내가 목표로 하는 수준에 맞는 예시를 학습하세요. 마지막으로 실전 연습하기로 미리 나만의 답안을 준비하면, 시험 준비 끝!

스터디 플래너

4주 플랜

기초부터 탄탄히! 목표 레벨도 뛰어넘을 수 있는 고득점 보장 정석 플랜!

1일차	2일차	3일차	4일차	5일차	6일차	7일차
Bab 1 Bab 2	Bab 3 Bab 4	Bab 5 Bab 6	Bab 1~6 복습	Bab 7 Bab 8	Bab 9 Bab 10 Bab 11	Bab 7~11 복습
8일차	**9일차**	**10일차**	**11일차**	**12일차**	**13일차**	**14일차**
Bab 12	Bab 13-1 Bab 13-2 Bab 13-3	Bab 14-1 Bab 14-2	Bab 12~14 복습	Bab 15-1 Bab 15-2	Bab 16-1 Bab 16-2 Bab 16-3	Bab 15~16 복습
15일차	**16일차**	**17일차**	**18일차**	**19일차**	**20일차**	**21일차**
한국 현안 기사 스크랩	Bab 17-1	Bab 17-2	한국 현안 Bab 17 복습	인도네시아 현안 기사 스크랩	Bab 18-1	Bab 18-2
22일차	**23일차**	**24일차**	**25일차**	**26일차**	**27일차**	**28일차**
인도네시아 현안 Bab 18 복습	Bab 19-1	Bab 19-2	Bab 19-3	Bab 19 복습	Bab 20	총정리

2주 플랜

IL 혹은 IM 부분만 콕 집어서 공부하는 필승 속성 플랜!

1일차	2일차	3일차	4일차	5일차	6일차	7일차
Bab 1 Bab 2 Bab 3	Bab 4 Bab 5 Bab 6	Bab 7 Bab 8 Bab 9	Bab 10 Bab 11	Bab 12 Bab 13-1 Bab 13-2 Bab 13-3	Bab 14-1 Bab 14-2 Bab 15-1 Bab 15-2	Bab 16-1 Bab 16-2 Bab 16-3
8일차	**9일차**	**10일차**	**11일차**	**12일차**	**13일차**	**14일차**
한국 현안 기사 스크랩	Bab 17-1 Bab 17-2	인도네시아 현안 기사 스크랩	Bab 18-1 Bab 18-2	Bab 19-1 Bab 19-2 Bab 19-3	Bab 20	총정리

책의 구성과 특징

주제별로 반드시 알아야 할 '필수 어휘'를 모아 정리했습니다. 나만의 답변을 준비하면서 사전처럼 이용해 보세요.

문장을 구성하면서 공식처럼 사용할 수 있는 '필수 패턴'입니다. 어떻게 문장을 만들어야 할지 고민될 때, '필수 패턴'을 활용해 보세요.

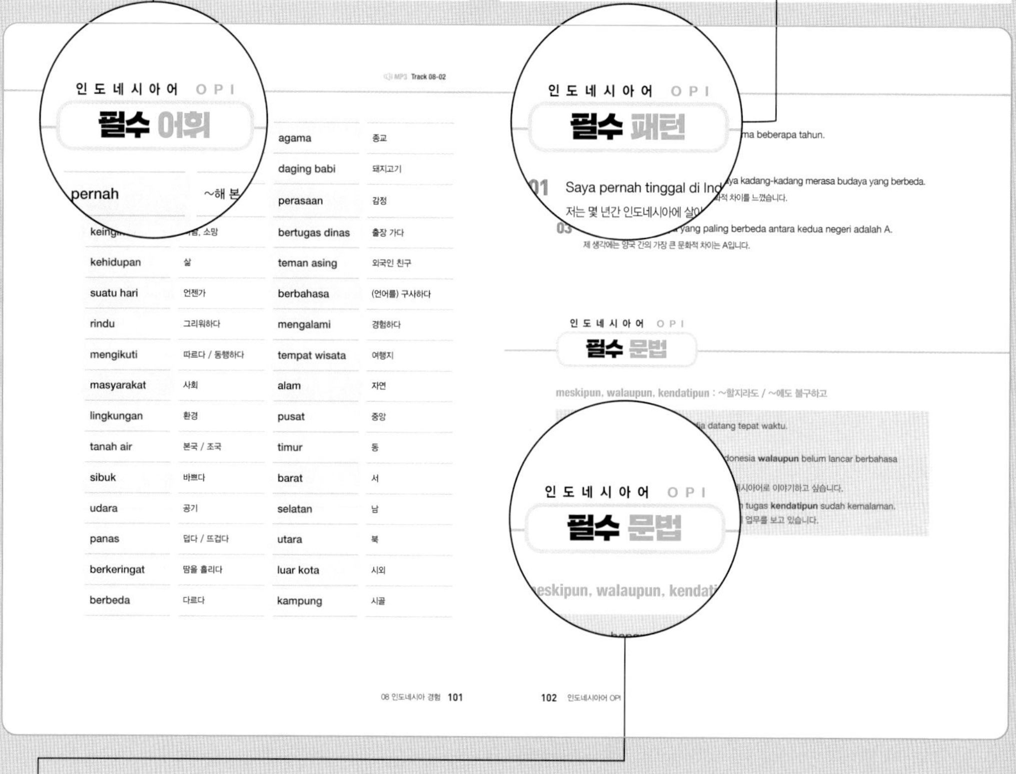

더 자세한 문법이 알고 싶으시다고요? 그래서 '필수 문법'을 준비했습니다. 불필요한 내용은 빼고 시험에 도움이 되는 문법만 추려 제시했습니다.

IL, IM 목표 수준별 학습

<시원스쿨 인도네시아 OPI>는 IL을 목표로 하는 수험생과 IM을 목표로 하는 수험생 각각을 위한 모범 답안을 제시합니다. 자신의 목표에 따라 IL 수순 혹은 IM 수순을 선택하여 보다 효율적으로 공부할 수 있습니다.

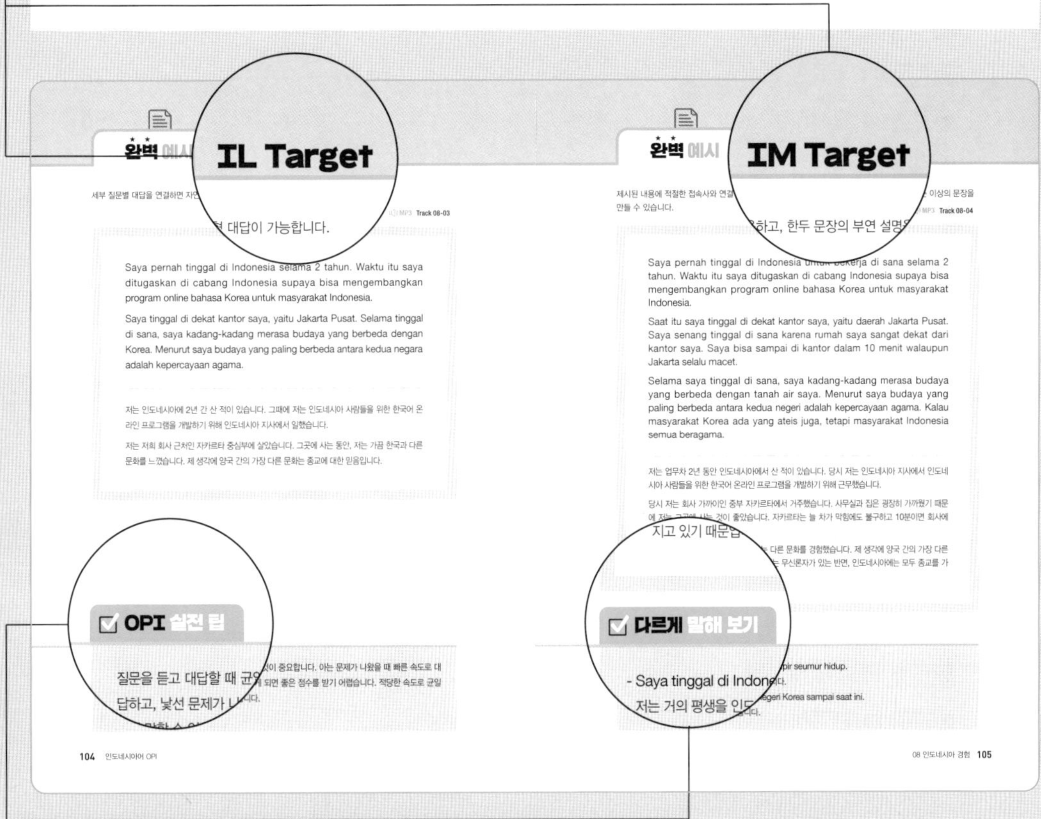

OPI 실전 팁 / 다르게 말해 보기

실제 시험에서 유용하게 활용할 수 있는 'OPI 실전 팁'과 제시된 지문 외에 활용할 수 있는 '다르게 말해 보기'입니다. 보다 구체적이고 실질적인 팁을 제시해 완벽하게 시험 준비를 할 수 있도록 했습니다.

목차

PART 1

PART 2

PART 3

PART 4

PART 1

Basic Question

01 자기소개
02 취미 소개
03 가족 소개
04 묘사하기
05 직장 소개
06 전공 소개
07 대중교통 이용
08 인도네시아 경험
09 인도네시아어 공부
10 하루 일과
11 날씨 표현

Bab 01

자기소개

"Silakan perkenalkan diri."

자기소개를 해 보세요.

질문 유형

- Silakan perkenalkan diri Anda.

자기소개를 해 보세요.

- Tolong perkenalkan diri Anda.

자기소개를 해 주세요.

자기소개

"Silakan perkenalkan diri."

자기소개를 해 보세요.

들어가기

자기소개는 OPI에서 가장 처음 나오는 질문으로, 내가 어떻게 답변하느냐에 따라 후기 질문들의 수준이 결정됩니다. 따라서 가장 신경 써서 준비해야 합니다. 본인에 대한 소개 부분이므로 이름, 나이, 가족, 일하는 곳, 취미 등 전반적인 내용이 한두 문장씩 간략하게 들어가는 것이 좋습니다.

완벽! 가이드라인

MP3 Track 01-01

저에 대해 소개하겠습니다. 제 이름은 이지나이고, 친구들은 저를 지나라고 부릅니다. 제 나이는 32살입니다. 저는 한국의 서울에서 태어나 살고 있습니다. 저는 6년 전에 결혼을 했고, 아이는 한 명 있습니다. 제 아이의 나이는 5살입니다.

저는 시원스쿨에서 회사원으로 5년째 일하고 있습니다. 제 남편은 연구원으로 ABC 주식회사에서 일하고 있습니다. 저는 러닝을 좋아해서 종종 한강 근처에서 5~7킬로미터 정도를 달립니다. 제 생각에 달리기는 건강을 지키는 데 좋은 것 같습니다.

Saya ingin memperkenalkan diri saya. Nama lengkap saya Lee Jina, teman-teman saya panggil saya Jina. Umur saya 32 tahun. Saya lahir dan tinggal di Seoul, Korea. Saya sudah menikah 6 tahun yang lalu dan memiliki 1 anak perempuan. Umur anak saya 5 tahun.

Saya sudah 5 tahun bekerja di Siwonschool sebagai karyawan. Suami saya bekerja di PT ABC sebagai peneliti. Saya suka jogging sehingga saya sering lari sejauh 5-7 kilometer di dekat sungai Han. Menurut saya jogging bagus untuk menjaga kesehatan saya.

필수 어휘

MP3 Track 01-02

perkenalan diri	자기소개	memperkenalkan diri	자신을 소개하다
nama	이름	lahir (di)	태어나다
nama lengkap	정식 이름	berasal (dari)	출신이다
nama panggilan	불리는 이름	bekerja	일하다
umur	나이	belajar	공부하다
hobi	취미	terdiri dari	~로 구성되다
pekerjaan	직업	sebagai	~로서
kampung	고향	silakan	~하세요
keluarga	가족	tolong	~해 주세요
tahun	해 / 년 / 살	tinggal	살다
tempat tinggal	사는 곳 / 거주지	suka	좋아하다
karyawan	회사원	menikah	결혼하다
mahasiswa	대학생	berkeluarga	가정을 꾸리다
ibu rumah tangga	가정주부	mempunyai / memiliki	가지다
perusahaan	회사	kuliah	대학을 다니다
universitas	대학교	bersekolah	학교를 다니다

인도네시아어 OPI

필수 패턴

01 Saya ingin memperkenalkan diri saya.
제 소개를 해 보겠습니다.

02 Nama saya Lee Jina.
저의 이름은 이지나입니다.

03 Umur saya 32 tahun.
저의 나이는 32살입니다.

04 Saya berasal dari Busan dan sekarang tinggal di Seoul.
저는 부산 출신으로 현재는 서울에 살고 있습니다.

인도네시아어 OPI

필수 문법

sebagai

1. '~로서'라는 의미의 전치사로 주로 직책 앞에 쓰입니다.

- Saya bekerja di PT ABC **sebagai** manajer.
  저는 ABC 주식회사에서 대리**로** 일하고 있습니다.
- **Sebagai** orang tua, kami harus menjaga kesehatan anak-anak.
  부모**로서**, 우리는 아이들의 건강을 지켜야 합니다.

2. '~처럼'이라는 의미의 전치사로 seperti와 쓰임이 유사합니다.

- Saya suka berwisata ke negara Indonesia, Malaysia, Tahiland, dan **sebagainya/ sepertinya**.
  저는 인도네시아, 말레이시아, 태국 등과 **같은** 곳을 여행하는 것을 좋아합니다.
- **Sebagai / Seperti** yang sudah saya jelaskan, kemampuan bahasa asing akan menjadi daya saing yang penting.
  제가 설명 드린 것**처럼**, 외국어 능력은 중요한 경쟁력이 될 것입니다.

예시 미리보기

이름 : 이지나
나이 : 32살
출신지 : 한국, 서울
취미 : 달리기
직업 : 시원스쿨 회사원
결혼 여부 : 6년 전 결혼
가족 : 3명 (본인, 배우자, 딸)

이름
Q : Siapa nama Anda?
당신의 이름은 무엇입니까?

A : Nama saya Lee Jina.
제 이름은 이지나입니다.

나이
Q : Berapa umur Anda?
당신은 몇 살입니까?

A : Umur saya 32 tahun.
저는 32살입니다.

출신지
Q : Anda lahir di mana? / Anda berasal dari mana?
당신은 어디서 태어났습니까? / 어디 출신입니까?

A : Saya lahir di Seoul, Korea. / Saya berasal dari Seoul, Korea.
저는 한국, 서울에서 태어났습니다. / 저는 한국, 서울 출신입니다.

취미
Q : Apa hobi Anda?
당신의 취미는 무엇입니까?

A : Saya suka jogging.
제 취미는 조깅입니다.

직업
Q : Anda bekerja di mana?
당신은 어디에서 일합니까?

A : Saya bekerja di Siwonschool sebagai karyawan.
저는 시원스쿨에서 회사원으로 일합니다.

결혼 여부
Q : Apakah Anda sudah menikah?
당신은 결혼을 했습니까?

A : Sudah, saya sudah menikah 6 tahun lalu.
네, 저는 6년 전에 결혼을 했습니다.

가족
Q : Anda mempunyai berapa orang keluarga?
당신은 몇 명의 가족을 가지고 있습니까?

A : Saya mempunyai 3 orang keluarga, yaitu saya, suami saya, dan seorang anak perempuan.
저는 세 명의 가족을 가지고 있는데, 저, 제 남편, 그리고 딸 한 명입니다.

완벽 예시 IL Target

세부 질문별 대답을 연결하면 자연스러운 서술형 대답이 가능합니다.

MP3 Track 01-03

Nama saya Lee Jina. Umur saya 32 tahun. Saya lahir dan tinggal di Seoul, Korea. Saya sudah menikah 6 tahun lalu. Jadi saya mempunyai 3 orang keluarga, yaitu saya, suami saya, dan seorang anak perempuan. Saya bekerja di Siwonschool sebagai karyawan. Saya suka jogging.

제 이름은 이지나입니다. 저는 32살입니다. 저는 한국의 서울에서 태어났습니다. 저는 6년 전에 이미 결혼을 했습니다. 그래서 현재 저, 남편, 한 명의 딸까지 3명의 가족이 함께 살고 있습니다. 저는 시원스쿨에서 회사원으로 일하고 있습니다. 저는 조깅을 좋아합니다.

OPI 실전 팁

시험장에 도착하면 시험 시간까지 외부에서 대기합니다. 대기하는 동안은 휴대폰과 소지품을 이용할 수 있으므로 자신의 방식대로 시험을 준비합니다. 시험장에 입실한 후에는 책상 위를 깨끗이 해야 합니다. 휴대폰도 반드시 꺼 두어야 하므로, 휴대폰 전원 상태에 대해서 반드시 확인해야 합니다.

완벽 예시 IM Target

제시된 내용에 적절한 접속사와 연결 어구를 활용하고, 한두 문장의 부연 설명을 추가하면 IM 수준 이상의 문장을 만들 수 있습니다.

MP3 Track 01-04

Saya ingin memperkenalkan diri saya. Nama lengkap saya Lee Jina, teman-teman saya panggil saya Jina. Umur saya 32 tahun. Saya lahir dan tinggal di Seoul, Korea. Saya sudah menikah 6 tahun yang lalu dan memiliki 1 anak perempuan. Umur anak saya 5 tahun.

Saya sudah 5 tahun bekerja di Siwonschool sebagai karyawan. Suami saya juga bekerja di PT ABC sebagai peneliti. Saya suka jogging sehingga saya sering berlari sejauh 5-7 kilometer di dekat sungai Han. Menurut saya jogging bagus untuk menjaga kesehatan saya.

저에 대해 소개하겠습니다. 제 이름은 이지나이고, 친구들은 저를 지나라고 부릅니다. 제 나이는 32살입니다. 저는 한국의 서울에서 태어나 살고 있습니다. 저는 6년 전에 결혼을 했고, 아이는 한 명 있습니다. 제 아이의 나이는 5살입니다.

저는 시원스쿨에서 회사원으로 5년째 일하고 있습니다. 제 남편은 연구원으로 ABC 주식회사에서 일하고 있습니다. 저는 러닝을 좋아해서 종종 한강 근처에서 5~7킬로미터 정도를 달립니다. 제 생각에 달리기는 건강을 지키는 데 좋은 것 같습니다.

다르게 말해 보기

- Saya sudah menikah, tetapi belum memiliki anak.
  저는 이미 결혼했지만 아직 아이는 없습니다.
- Saya suka bersepeda.
  저는 자전거 타는 것을 좋아합니다.

직접 연습하기

이름 : 박진영

나이 : 24살

출신지 : 한국, 부산

취미 : 영화 보기

학교 : 한국대학교

가족 : 5명 (본인, 부모님, 형 두 명)

결혼 여부 : 미혼

주어진 프로필을 바탕으로 질문에 대답해 보세요.

이름 **Q :** Siapa nama Anda?

A : ______________________________

______________________________.

나이 **Q :** Berapa umur Anda?

A : ______________________________

______________________________.

출신지 **Q :** Anda lahir di mana? / Anda berasal dari mana?

A : ______________________________

______________________________.

취미 **Q :** Apa hobi Anda?

A : ______________________________

______________________________.

학교 **Q :** Anda belajar di mana?

A : ______________________________

______________________________.

가족 **Q :** Anda mempunyai berapa orang keluarga?

A : ______________________________

______________________________.

결혼 여부 **Q :** Apakah Anda sudah menikah?

A : ______________________________

______________________________.

연습하기 IL Target

앞의 프로필을 바탕으로 빈칸을 채워 대답을 완성해 보세요.

__________ saya Park JinYeong. Saya berasal dari Busan, Korea. __________ saya 24 tahun. Saya kuliah di Universitas Korea. Jurusan saya sastra Indonesia. Saya __________ menikah. Anggota keluarga saya 5 orang, yaitu orang tua, 2 orang kakak laki-laki, dan saya. Hobi saya __________ film.

제 (이름)은 박진영입니다. 저는 한국의 부산에서 태어났습니다. 저의 (나이)는 24살입니다. 저는 한국대학교를 다닙니다. 저의 전공은 인도네시아 문학입니다. 저는 (아직) 결혼하지 않았습니다. 저희 가족 구성원은 저, 부모님, 2명의 형들까지 5명입니다. 제 취미는 영화 (보기입니다).

정답

Nama / Umur / belum / menonton

연습하기 IM Target

앞의 프로필을 바탕으로 빈칸을 채워 대답을 완성해 보세요.

Saya ingin __________ diri saya. Nama lengkap saya Park JinYeong dan nama panggilan saya JinYeong. Umur saya 24 tahun. Saya berasal dari Busan, Korea, __________ sekarang saya tinggal di Seoul sendiri. Saya belum menikah. Anggota __________ saya 5 orang, yaitu orang tua, 2 orang kakak laki-laki, dan saya. Mereka tinggal di Busan.

Saya sedang __________ di Universitas Korea. Jurusan saya sastra Indonesia, sehingga saya belajar bahasa Indonesia dengan rajin. Hobi saya menonton film dengan pacar saya. Saya sering menonton film di bioskop. Senang __________ dengan Anda.

제 (소개를) 하겠습니다. 제 본명은 박진영이고, 저의 불리는 이름은 진영입니다. 제 나이는 24살입니다. 저는 한국의 부산에서 태어났(지만), 지금은 혼자 서울에서 살고 있습니다. 저는 아직 결혼하지 않았습니다. 저희 (가족) 구성원은 저, 부모님, 2명의 형들까지 5명입니다. 그들은 모두 부산에서 살고 있습니다.

저는 한국대학교를 (다닙니다). 저의 전공은 인도네시아 문학이라서, 저는 인도네시아어 공부를 열심히 합니다. 제 취미는 애인과 영화 보기입니다. 저는 자주 영화관에서 영화를 봅니다. (만나서) 반갑습니다.

정답

memperkenalkan / tetapi / keluarga / kuliah *or* belajar / berkenalan

실전 연습하기

나만의 실전 노트를 만들어 보세요.

이름 **Q :** Siapa nama Anda?

A : ______________________________
______________________________.

직업/학교 **Q :** Anda bekerja/belajar di mana?

A : ______________________________
______________________________.

나이 **Q :** Berapa umur Anda?

A : ______________________________
______________________________.

가족 **Q :** Anda mempunyai berapa orang keluarga?

A : ______________________________
______________________________.

출신지 **Q :** Anda lahir di mana? / Anda berasal dari mana?

A : ______________________________
______________________________.

결혼 여부 **Q :** Apakah Anda sudah menikah?

A : ______________________________
______________________________.

취미 **Q :** Apa hobi Anda?

A : ______________________________
______________________________.

위의 프로필을 바탕으로 본인의 답안을 작성해 보세요.

Bab

02

취미 소개

"Apa hobi Anda?"

당신의 취미는 무엇인가요?

질문 유형

- **Apa hobi Anda?**

  당신의 취미는 무엇입니까?

- **Anda suka melakukan apa pada waktu luang?**

  당신은 여가 시간에 무엇을 합니까?

Bab 02

취미 소개

"Apa hobi Anda?"

당신의 취미는 무엇인가요?

들어가기

취미 소개는 서술형과 꼬리 물기 질문이 자주 나옵니다. 내가 설명한 내용을 토대로 다양한 꼬리 물기 질문을 받을 수 있으니 잘 대비해야 합니다. 또한 각 취미마다 사용되는 어휘가 다양하므로 자신의 취미에 해당하는 세부 어휘를 꼼꼼하게 학습해야 합니다.

완벽! 가이드라인

MP3 Track 02-01

제 취미는 조깅입니다. 대학생 때, 저는 몸무게를 줄이기 위해 달리기를 시작했지만 지금은 일상이 되었습니다. 저는 보통 퇴근 후 일주일에 2~3번 정도 달립니다. 저는 한강 근처에서 달리는 것을 좋아하는데, 맑은 공기를 마실 수 있기 때문입니다. 가끔 제 남편도 5~7km를 달리는 데에 함께합니다. 저희는 같이 달리는 것을 좋아하는데 스트레스를 해소할 수 있고, 달리기를 하면서 이야기를 할 수 있기 때문입니다.

Hobi saya jogging. Saya mulai berlari untuk mengurangi berat badan saya waktu mahasiswa, tetapi sekarang jogging sudah menjadi kebiasaan saya. Biasanya saya berlari sendiri 2 sampai 3 kali dalam seminggu setelah pulang kerja. Saya suka berlari di dekat sungai Han karena bisa menghirup udara yang segar. Kadang-kadang suami saya juga ikut berlari bersama saya sejauh 5 sampai 7km. Kami suka berlari bersama karena bisa menghilangkan stres dan bisa berbicara sambil berlari.

필수 어휘

MP3 Track 02-02

hobi	취미	suka	좋아하다
menonton film	영화를 보다	kesukaan	좋아하는 것
membaca buku	책을 읽다	tidak suka	좋아하지 않다
bermain golf	골프를 치다	ketidaksukaan	좋아하지 않는 것
bermain sepak bola	축구를 하다	benci	싫어하다 / 증오하다
bermain piano	피아노를 연주하다	waktu luang	여가 시간
mendaki gunung	등산하다	melakukan	행하다
jogging	조깅하다	kebiasaan	일상
tidur	자다	berjalan-jalan	산책하다 / 바람을 쐬다
bermain ski	스키를 타다	bermain game	게임을 하다
menggambar	그리다	berenang	수영하다
memancing	낚시하다	bermain bola basket	농구를 하다
mencari restoran yang enak	맛집을 찾다	bermain bisbol	야구를 하다
fotografi	사진 찍기	memasak	요리하다
berlatih yoga	요가를 하다	minum minuman keras	술을 마시다
berbelanja	쇼핑하다	berwisata ke	~로 여행 가다

인도네시아어 OPI

필수 패턴

01 Hobi saya jogging.
저의 취미는 조깅입니다.

02 Saya suka berlari karena bisa menghilangkan stres.
저는 스트레스를 해소할 수 있기 때문에 달리기를 좋아합니다.

03 Saya suka berlari karena bisa menjaga kesehatan saya.
저는 건강을 지킬 수 있기 때문에 달리기를 좋아합니다.

04 Saya berlari 2 sampai 3 kali dalam seminggu.
저는 일주일에 2~3번 달립니다.

인도네시아어 OPI

필수 문법

01 setelah / sesudah : ~이후에

- Saya makan malam dengan keluarga saya **setelah** pulang kerja.
  저는 퇴근 **후에** 가족들과 저녁을 먹습니다.
- **Sesudah** bangun, saya merapikan tempat tidur saya.
  저는 기상 **후에** 제 침대를 정돈합니다.

02 sebelum : ~이전에

- Saya mandi **sebelum** tidur.
  저는 자기 **전에** 샤워를 합니다.
- **Sebelum** masuk kerja, saya membeli kopi di kafe.
  출근하기 **전에** 저는 카페에서 커피를 삽니다.

예시 미리보기

이름 : 이지나
취미 : 달리기
빈도 : 일주일에 2~3번
기간 : 대학생 때부터
거리 : 5~7km 정도
장소 : 한강 근처
인원 : 혼자 / 배우자와
이유 : 스트레스를 해소할 수 있고, 신선한 공기를 마실 수 있음

취미 **Q :** Apa hobi Anda?
당신의 취미는 무엇입니까?

A : Hobi saya jogging.
제 취미는 조깅입니다.

빈도 **Q :** Kapan Anda berlari?
당신은 언제 달립니까?

A : Saya berlari seminggu 2-3 kali.
저는 일주일에 2~3번 달립니다.

기간 **Q :** Sejak kapan Anda suka berlari?
당신은 언제부터 달리기를 좋아했습니까?

A : Saya mulai suka berlari sejak mahasiswa.
저는 대학생 때 달리기를 좋아하기 시작했습니다.

거리 **Q :** Anda berlari seberapa jauh?
당신은 얼마나 멀리 달립니까?

A : Saya berlari sejauh 5-7km untuk sekali.
저는 한 번에 5~7km를 달립니다.

장소 **Q :** Biasanya Anda berlari di mana?
당신은 보통 어디서 달립니까?

A : Biasanya saya berlari di dekat sungai Han.
저는 보통 한강 근처에서 달립니다.

인원 **Q :** Anda berlari dengan siapa?
당신은 누구와 달립니까?

A : Biasanya saya berlari sendiri, tetapi kadang-kadang suami saya ikut berlari dengan saya.
저는 보통 혼자 달리는데, 가끔은 남편이 저를 따라 함께 달립니다.

이유 **Q :** Kenapa Anda suka berlari?
당신은 왜 달리기를 좋아하나요?

A : Saya suka berlari karena saya bisa menghilangkan stres dan bisa menghirup udara yang segar.
저는 스트레스를 해소할 수 있고 신선한 공기를 마실 수 있어서 달리기를 좋아합니다.

완벽 예시 IL Target

세부 질문별 대답을 연결하면 자연스러운 서술형 대답이 가능합니다.

MP3 Track 02-03

Hobi saya jogging. Saya berlari seminggu 2-3kali. Saya mulai suka berlari sejak mahasiswa. Saya sekali lari sejauh 5-7km. Biasanya saya lari sendiri di dekat sungai Han, tetapi kadang-kadang suami saya ikut berlari dengan saya. Saya suka lari karena saya bisa menghilangkan stres dan bisa menghirup udara yang segar.

제 취미는 조깅입니다. 저는 일주일에 2~3번을 달립니다. 저는 대학생 때부터 달리기를 좋아했습니다. 저는 한 번에 5~7km를 달립니다. 보통 저는 한강 근처에서 혼자 달리는데, 가끔씩 제 남편이 저를 따라 함께 달립니다. 저는 스트레스를 해소할 수 있고 신선한 공기를 마실 수 있어서 달리기를 좋아합니다.

OPI 실전 팁

취미 파트는 자기소개와 더불어 100% 기출되는 문제입니다. 자기소개는 긴 지문 형식인 반면, 취미 파트는 질의응답 형식으로 이루어집니다. 따라서 취미와 관련해 나올 만한 질문을 예상한 후, 그에 대한 답변을 미리 준비해야 합니다.

완벽 예시 IM Target

제시된 내용에 적절한 접속사와 연결 어구를 활용하고, 한두 문장의 부연 설명을 추가하면 IM 수준 이상의 문장을 만들 수 있습니다.

MP3 Track 02-04

Hobi saya jogging. Waktu mahasiswa, saya mulai berlari untuk mengurangi berat badan saya tetapi sekarang jogging sudah menjadi kebiasaan saya. Biasanya saya berlari sendiri seminggu 2–3 kali setelah pulang kerja. Saya suka berlari di dekat sungai Han karena bisa menghirup udara yang segar. Kadang-kadang suami saya juga ikut berlari dengan saya sejauh 5-7km. Kami suka berlari bersama karena bisa menghilangkan stres dan bisa berbicara sambil berolahraga.

제 취미는 조깅입니다. 대학생 때 저는 몸무게를 줄이기 위해 달리기를 시작했지만 지금은 달리기가 습관이 되었습니다. 저는 보통 일주일에 2~3번 퇴근 후에 달립니다. 저는 신선한 공기를 마실 수 있어서 한강 근처에서 달리는 것을 좋아합니다. 가끔은 제 남편이 저를 따라 함께 5~7km를 달립니다. 저희는 운동을 하면서 이야기를 나누고 스트레스를 해소할 수 있어서 함께 달리는 것을 좋아합니다.

다르게 말해 보기

- Saya adalah seorang penggemar model kit.
  저는 프라모델 마니아입니다.
- Saya suka menggambar.
  저는 그림 그리는 것을 좋아합니다.

직접 연습하기

이름 : 박진영
취미 : 영화 보기
빈도 : 한 달에 2~3번, 주말에
기간 : 어릴 적부터
장소 : 영화관
인원 : 혼자 / 애인과 / 친구와
이유 : 다양한 이야기를 볼 수 있고, 스트레스를 해소할 수 있으며, 팝콘을 먹을 수 있음

주어진 프로필을 바탕으로 질문에 대답해 보세요.

취미 **Q :** Apa hobi Anda?

A : ______________________________
______________________________.

빈도 **Q :** Kapan Anda menonton film?

A : ______________________________
______________________________.

기간 **Q :** Sejak kapan Anda suka menonton film?

A : ______________________________
______________________________.

장소 **Q :** Anda menonton film di mana?

A : ______________________________
______________________________.

인원 **Q :** Anda menonton film dengan siapa?

A : ______________________________
______________________________.

이유 **Q :** Kenapa Anda suka menonton film?

A : ______________________________
______________________________.

연습하기 IL Target

앞의 프로필을 바탕으로 빈칸을 채워 대답을 완성해 보세요.

Hobi saya menonton film. ________ saya menonton film sebulan 2 sampai 3 kali pada akhir minggu. Saya suka menonton film sejak saya masih kecil. Saya suka menonton film di ________. Saya suka menonton film dengan siapa saja. Kadang-kadang saya menonton film sendiri, bersama dengan ____________, dan juga menonton dengan pacar saya. Saya suka menonton film karena saya bisa menonton cerita yang bermacam-macam, serta bisa menghilangkan stres. Ada lagi, saya bisa menikmati popcorn ____________ menontonnya.

제 취미는 영화 보기입니다. (보통) 저는 한 달에 두 번에서 세 번 주말에 영화를 봅니다. 저는 어렸을 때부터 영화 보는 것을 좋아했습니다. 저는 (영화관)에서 영화 보는 것을 좋아합니다. 저는 누구든지 함께 영화 보는 것을 좋아합니다. 가끔은 저 혼자 영화를 보고, (친구들)과 함께 보기도 하고, 애인과 함께 보기도 합니다. 저는 다양한 이야기를 보며 스트레스를 해소할 수 있어서 영화 보기를 좋아합니다. 또한, 영화를 보는 (동안) 팝콘을 즐길 수도 있습니다.

정답

Biasanya / bioskop / teman-teman / sambil

연습하기 IM Target

앞의 프로필을 바탕으로 빈칸을 채워 대답을 완성해 보세요.

Hobi saya menonton film. Bisanya saya menonton film sebulan 2 sampai 3 kali pada akhir minggu. Saya suka menonton film ________ saya masih kecil karena orang tua saya sering membawa sayake bioskop. Saya ________ suka menonton film di bioskop daripada menonton di rumah karena suaranya lebih kencang.

Saya suka menonton film dengan __________. Kadang-kadang saya menonton film sendiri, atau bersama dengan teman-teman, dan juga dengan pacar saya. Saya suka menonton film karena saya bisa mengalami pengalaman yang baru dengan cerita yang ____________, serta bisa menghilangkan stres. Ada lagi, saya bisa menikmati popcorn sambil menontonnya.

제 취미는 영화 보기입니다. 보통 저는 한 달에 두 번에서 세 번 주말에 영화를 봅니다. 저희 부모님께서 늘 저를 영화관에 데려가셨던 까닭에 저는 어렸을 (때부터) 영화 보는 것을 좋아했습니다. 소리가 생생하기 때문에 저는 집보다 극장에서 영화 보는 것을 (더) 좋아합니다.

저는 (누구든지) 함께 영화 보는 것을 좋아합니다. 가끔은 저 혼자 영화를 보고, 친구들과 함께 보기도 하고, 애인과 함께 보기도 합니다. 저는 (다양한) 이야기를 보며 스트레스를 해소할 수 있어서 영화 보기를 좋아합니다. 또한, 영화를 보는 동안 팝콘을 즐길 수도 있습니다.

정답

sejak / lebih / siapa saja / bermacam-macam

실전 연습하기

나만의 실전 노트를 만들어 보세요.

취미 **Q :** Apa hobi Anda?

A : ______________________________
______________________________.

장소 **Q :** Anda (본인의 취미) di mana?

A : ______________________________
______________________________.

빈도 **Q :** Kapan Anda (본인의 취미)?

A : ______________________________
______________________________.

인원 **Q :** Anda (본인의 취미) dengan siapa?

A : ______________________________
______________________________.

기간 **Q :** Sejak kapan Anda suka (본인의 취미)?

A : ______________________________
______________________________.

이유 **Q :** Kenapa Anda suka (본인의 취미)?

A : ______________________________
______________________________.

위의 프로필을 바탕으로 본인의 답안을 작성해 보세요.

Bab

03

가족 소개

"Silakan perkenalkan keluarga Anda."

당신의 가족 소개를 해 보세요.

질문 유형

- **Silakan perkenalkan keluarga Anda.**

  당신의 가족 소개를 해 보세요.

- **Apakah Anda sudah berkeluarga?**

  당신은 가족을 꾸렸나요?

가족 소개

"Silakan perkenalkan keluarga Anda."

당신의 가족 소개를 해 보세요.

들어가기

가족 소개는 일반적으로 단문 형식의 질의응답으로 이루어집니다. 꼬리 물기 질문이 많은 파트이므로 일반적인 가족 소개 외에도 가족들 각각의 특징, 성격, 사는 곳과 주변 환경 등 세부적인 내용을 충실히 준비해야 합니다.

완벽! 가이드라인

MP3 Track 03-01

저의 가족 구성원은 세 명입니다. 저는 6년 전에 결혼을 했고, 딸이 한 명 있습니다. 우리 가족은 서울의 용산에서 살고 있습니다. 우리는 용산에 사는 것을 좋아하는데, 용산은 서울의 중심에 있기 때문입니다.

저의 남편은 박민수이고 저보다 2살 더 많습니다. 그는 ABC 주식회사에서 연구원으로 7년째 일을 하고 있습니다. 저의 남편은 키가 크고 제 눈에 잘생겼습니다. 우리가 처음 만났을 때 그는 날씬했지만 결혼 후 현재는 점점 살이 찌는 것이 보입니다. 제 남편의 성격은 낙천적이고 차분합니다. 5살인 저의 딸의 이름은 박하은입니다. 제 딸은 정말 귀엽고 예뻐서 모든 사람에게 사랑 받습니다. 제 아이는 먹는 것과 그림 그리는 것을 좋아합니다.

Anggota keluarga saya 3 orang. Saya sudah menikah 6 tahun yang lalu, dan mempunyai 1 anak perempuan. Keluarga saya tinggal di Yongsan, Seoul. Kami senang tinggal di Yongsan, karena Yongsan terletak di tengah Seoul.

Suami saya bernama Park Min Su, dan dia 2 tahun lebih tua daripada saya. Dia sudah 7 tahun bekerja di PT ABC sebagai peneliti. Dia tinggi dan tampan di mata saya. Waktu kami pertama kali kenal, dia berbadan langsing, tetapi sekarang terlihat semakin gemuk setelah menikah. Dia bersifat optimis dan sabar. Anak saya yang berumur 5 tahun bernama Park Ha Eun. Dia sangat lucu dan cantik jadi dicintai semua orang. Anak saya suka makan dan menggambar.

필수 어휘

MP3 Track 03-02

suami	남편	anggota	구성원
istri	아내	pacar	애인
anak	자녀	tempat penitipan anak (TPA)	놀이방
kakak	손위 형제	taman kanak-kanak (TK)	유치원
adik	동생	sekolah dasar (SD)	초등학교
kakak beradik	형제 / 남매 / 자매	sekolah menengah pertama (SMP)	중학교
anak sulung	맏이	sekolah menengah atas (SMA)	고등학교
anak bungsu	막내	menikah	결혼하다
anak tunggal	외동	hamil	임신하다
sikap	행동 / 태도	menghabiskan waktu	시간을 보내다
ciri-ciri	특징	karakter	캐릭터
pintar	똑똑한	lucu	귀여운
tampan	잘생긴	cantik	예쁜
optimis	낙천적인	malu	부끄러운 / 수줍음 많은
tinggi	키가 큰	pendek	키가 작은
nakal	개구쟁이의 / 못된	sabar	차분한

필수 패턴

01 Anggota keluarga saya 4 orang, yaitu orang tua, dan 2 orang adik.
저의 가족 구성원은 4명인데, 바로 부모님과 두 명의 동생입니다.

02 Suami saya bernama Park Min Su dan berumur 34 tahun.
저의 남편의 이름은 박민수이고, 나이는 34살입니다.

03 Anak saya bersifat nakal tetapi lucu.
저의 아이는 개구쟁이지만 귀엽습니다.

04 Istri saya berkulit putih dan wajahnya bulat.
저의 아내는 피부가 하얗고 얼굴이 둥급니다.

인 도 네 시 아 어 OPI

필수 문법

01 waktu / ketika : ~(할) 때 / ~당시에

waktu와 ketika는 동일하게 쓰일 수 있습니다.

- Suami saya membaca koran **waktu** saya menonton televisi.
  제가 텔레비전을 볼 **때** 제 남편은 신문을 읽습니다.
- **Ketika** saya pulang, anak saya sudah tidur.
  제가 퇴근했을 **때** 아이는 잠들어 있습니다.

02 sambil : ~하면서

동시 동작을 나타냅니다.

- Saya berjalan-jalan di taman **sambil** melihat pemandangan sungai Han.
  저는 한강의 경치를 보**면서** 공원을 산책합니다.
- **Sambil** membaca Koran, saya mendengarkan musik.
  신문을 읽**으면서** 저는 노래를 듣습니다.

예시 미리보기

(이름) : 이지나 (서울 용산에 거주)

(배우자) : 박민수

- ABC 주식회사 연구원으로 7년째 근무
- 외모 : 키가 크고 잘생김
- 성격 : 낙천적이고 차분함

(자녀) : 박하은

- 외모 : 귀엽고 예뻐서 사람들에게 사랑 받음
- 성격 : 먹는 것과 그림 그리는 것을 좋아함

(결혼 여부) **Q :** Apakah Anda sudah menikah?

당신은 결혼을 했나요?

A : Saya sudah menikah 6 tahun yang lalu.

저는 6년 전에 결혼을 했습니다.

(배우자 이름) **Q :** Siapa nama suami Anda?

당신 남편의 이름은 무엇입니까?

A : Nama suami saya Park Min Su.

제 남편의 이름은 박민수입니다.

(배우자 직업) **Q :** Apa pekerjaan suami Anda?

당신 남편의 직업은 무엇입니까?

A : Suami saya sudah 7 tahun bekerja di PT ABC sebagai peneliti.

제 남편은 7년째 ABC 주식회사에서 연구원으로 일하고 있습니다.

(자녀 여부) **Q :** Apakah Anda sudah mempunyai anak?

당신은 자녀가 있습니까?

A : Saya mempunyai 1 orang anak perempuan.

저는 한 명의 딸이 있습니다.

(가족 외모) **Q :** Silakan gambarkan ciri-ciri suami Anda.

당신의 남편의 특징에 대해 묘사해 보세요.

A : Dia tinggi dan tampan di mata saya.

그는 키가 크고 제 눈에 잘생겼습니다.

(가족 성격) **Q :** Bagaimana karakter anak Anda?

당신 아이의 성격은 어떤가요?

A : Anak saya suka makan dan menggambar.

제 아이는 먹는 것과 그림 그리는 것을 좋아합니다.

완벽 예시 IL Target

세부 질문별 대답을 연결하면 자연스러운 서술형 대답이 가능합니다.

MP3 Track 03-03

Saya sudah menikah 6 tahun yang lalu, dan mempunyai 1 orang anak perempuan. Nama suami saya Park Min Su dan dia sudah 7 tahun bekerja di PT ABC sebagai peneliti. Dia tinggi dan tampan di mata saya. Umur anak saya 5 tahun dan namanya Park Ha Eun. Anak saya suka makan dan menggambar.

저는 6년 전에 결혼을 했고, 딸이 한 명 있습니다. 저의 남편의 이름은 박민수이고, ABC 주식회사에서 연구원으로 7년째 일을 하고 있습니다. 그는 키가 크고 제 눈에 잘생겼습니다. 제 딸의 나이는 5살이고 이름은 박하은입니다. 제 딸은 먹는 것과 그림 그리는 것을 좋아합니다.

OPI 실전 팁

가족이나 친한 친구의 성격이나 외모에 대한 문제도 꼬리 물기 질문으로 자주 출제됩니다. 주변 사람들의 성격과 외모에 대한 표현들을 충분히 준비해서 질문을 받았을 때 당황하지 않고 대답할 수 있어야 합니다.

완벽 예시 IM Target

제시된 내용에 적절한 접속사와 연결 어구를 활용하고, 한두 문장의 부연 설명을 추가하면 IM 수준 이상의 문장을 만들 수 있습니다.

MP3 Track 03-04

Anggota keluarga saya 3 orang. Saya sudah menikah 6 tahun yang lalu, dan mempunyai 1 orang anak perempuan. Keluarga saya tinggal di Yongsan, Seoul. Kami senang tinggal di Yongsan, karena Yongsan terletak di tengah Seoul.

Suami saya bernama Park Min Su, dan dia 2 tahun lebih tua daripada saya. Dia sudah 7 tahun bekerja di PT ABC sebagai peneliti. Dia tinggi dan tampan di mata saya. Dia berambut pendek dan hitam. Waktu kami pertama kali kenal, dia berbadan langsing, tetapi sekarang terlihat makin gemuk setelah menikah. Dia bersifat optimis dan sabar.

Anak saya yang berumur 5 tahun bernama Park Ha Eun. Dia sangat lucu dan cantik jadi dicintai semua orang. Anak saya suka makan dan menggambar.

저의 가족 구성원은 세 명입니다. 저는 6년 전에 결혼을 했고, 딸이 한 명 있습니다. 우리 가족은 서울의 용산에서 살고 있습니다. 우리는 용산에 사는 것을 좋아하는데, 용산은 서울의 중심에 있기 때문입니다.

저의 남편은 박민수이고 저보다 2살 더 많습니다. 그는 ABC 주식회사에서 연구원으로 7년째 일을 하고 있습니다. 저의 남편은 키가 크고 제 눈에는 잘생겼습니다. 그는 짧고 검은 머리를 가졌습니다. 우리가 처음 알았을 때 그는 날씬했지만, 결혼한 후 현재는 점점 살찌는 것이 보입니다. 제 남편의 성격은 낙천적이고 차분합니다.

5살인 저의 딸의 이름은 박하은입니다. 제 딸은 아주 귀엽고 예뻐서 모든 사람에게 사랑 받습니다. 그녀는 먹는 것과 그림 그리는 것을 좋아합니다.

다르게 말해 보기

- Keluarga saya mempunyai satu ekor anjing.
  우리 가족은 한 마리의 강아지를 기르고 있습니다.
- Keluarga saya selalu rukun.
  우리 가족은 늘 화목합니다.

직접 연습하기

(이름) : 박진영 (서울 거주)

(결혼 여부) : 미혼. 애인 있음

(가족 사항)

• 아버지(65세) - 공무원이며 올해 은퇴 예정 / 조용, 근엄, 가족에게 잘 하심 / 나는 아버지 성격을 닮음

• 어머니(60세) - 가정주부 / 작은 키, 검은 직모, 큰 눈과 높은 코 / 나는 어머니 외모를 닮음

• 큰형(30세) - 작년에 결혼하여 올해 자녀가 태어남

• 작은형(27세) - 미국에서 박사 과정 공부 중

주어진 프로필을 바탕으로 질문에 대답해 보세요.

(결혼 여부) **Q :** Apakah Anda sudah berkeluarga?

A : ______________________________

______________________________.

(가족 구성원) **Q :** Silakan perkenalkan keluarga Anda.

A : ______________________________

______________________________.

(부모님 직업) **Q :** Apa pekerjaan orang tua Anda?

A : ______________________________

______________________________.

(형제 유무) **Q :** Anda memiliki berapa orang saudara?

A : ______________________________

______________________________.

(형제 결혼 여부) **Q :** Apakah mereka sudah berkeluarga?

A : ______________________________

______________________________.

(가족의 성격) **Q :** Silakan ceritakan sifat ayah Anda.

A : ______________________________

______________________________.

(가족의 외모) **Q :** Silakan gambarkan ciri-ciri ibu Anda.

A : ______________________________

______________________________.

연습하기 IL Target

앞의 프로필을 바탕으로 빈칸을 채워 대답을 완성해 보세요.

Saya belum menikah tetapi sudah __________ seorang pacar. Kami akan menikah setelah lulus. ______________ saya 5 orang, yaitu orang tua, 2 kakak laki-laki, dan saya. Ayah saya adalah seorang ____________ , tetapi beliau akan pensiun tahun ini. Walaupun bersikap pendiam dan serius, beliau selalu baik dengan keluarga kami. __________ saya juga seperti ayah saya.

Ibu saya adalah seorang ________________. Beliau berbadan pendek, berambut lurus, dan bermata besar. Ciri-ciri saya mirip dengan ibu saya. Kakak pertama saya berumur 30 tahun, kakak kedua berumur 27 tahun.

저는 아직 결혼을 하지 않았지만 애인이 (있습니다). 우리는 졸업 후에 결혼을 할 것입니다. 저의 (가족 구성원)은 5명으로 부모님과 2명의 형, 그리고 저입니다. 아버지는 (공무원)이시지만 올해 은퇴하실 예정입니다. 그분은 조용하시고 근엄하시긴 해도 가족에게 잘하시는 분입니다. 저의 (성격)도 아버지와 비슷합니다.

어머니는 (가정주부)이십니다. 그녀는 키가 작으시고, 직모이시며 눈이 크십니다. 저의 외모는 어머니와 닮았습니다. 저의 첫째 형은 30살이고, 둘째 형은 27살입니다.

정답

mempunyai / Anggota keluarga / pegawai negeri / Sifat / ibu rumah tangga

연습하기 IM Target

앞의 프로필을 바탕으로 빈칸을 채워 대답을 완성해 보세요.

Saya belum menikah ________ sekarang sudah mempunyai seorang pacar. Kami akan menikah setelah lulus. Anggota keluarga saya 5 orang, yaitu orang tua saya, 2 kakak laki-laki, dan saya.

Ayah saya berusia 65 tahun. Beliau adalah seorang pegawai negeri, tetapi akan pensiun tahun ini. ________ beliau bersikap pendiam dan serius, beliau selalu baik dengan keluarga kami. Sifat saya juga seperti ayah saya.

Ibu saya ________ 60 tahun dan beliau seorang ibu rumah tangga. Beliau berbadan pendek, berambut lurus, dan bermata besar. Ciri-ciri saya mirip dengan ibu saya.

Kakak pertama saya berumur 30 tahun, dan sudah menikah tahun lalu. Tahun ini kakak ipar saya akan melahirkan keponakan yang lucu. Kakak kedua saya berumur 27 tahun dan ________________. Dia sedang belajar S3 di Amerika.

저는 아직 결혼을 하지 않았(지만) 애인이 있습니다. 우리는 졸업 후에 결혼을 할 것입니다. 저의 가족 구성원은 5명으로 부모님과 2명의 형, 그리고 저입니다.

아버지의 연세는 65세이십니다. 그분은 공무원이시지만 올해 은퇴하실 예정입니다. 그분은 조용하시고 근엄(하시긴 해도) 가족에게 잘하시는 분입니다. 저의 성격도 아버지와 비슷합니다.

어머니의 (나이는) 60세이시고 가정주부이십니다. 그녀는 키가 작으시고, 직모이시며 눈이 크십니다. 저는 어머니와 닮았습니다.

저의 첫째 형은 30살이고 작년에 결혼을 하였습니다. 올해 형수님이 귀여운 조카를 출산할 예정입니다. 둘째 형은 27살이고 (아직 결혼하지 않았습니다). 그는 미국에서 박사 과정을 공부하고 있습니다.

정답

tetapi / Sedangkan / berusia / masih belum menikah

실전 연습하기

나만의 실전 노트를 만들어 보세요.

결혼 여부

Q : Apakah Anda sudah berkeluarga?

A : ______________________________
______________________________.

형제/자녀 결혼 여부

Q : Apakah mereka sudah berkeluarga?

A : ______________________________
______________________________.

가족 소개

Q : Silakan perkenalkan keluarga Anda.

A : ______________________________
______________________________.

가족의 성격

Q : Silakan ceritakan sifat ayah Anda.

A : ______________________________
______________________________.

가족 직업

Q : Apa pekerjaan orang tua / istri / suami Anda?

A : ______________________________
______________________________.

가족의 외모

Q : Silakan gambarkan ciri-ciri ibu Anda.

A : ______________________________
______________________________.

형제/자녀 유무

Q : Anda memiliki berapa orang saudara / anak?

A : ______________________________
______________________________.

위의 프로필을 바탕으로 본인의 답안을 작성해 보세요.

OPI

Bab

04

묘사하기

"Silakan deskripsikan tempat ujian."

시험장을 묘사해 보세요.

질문 유형

- **Silakan deskripsikan tempat ujian.**

  시험장을 묘사해 보세요.

- **Silakan gambarkan di sekitar rumah Anda.**

  당신의 집 주변을 설명해 보세요.

묘사하기

"Silakan deskripsikan tempat ujian."

시험장을 묘사해 보세요.

들어가기

묘사는 크게 실내 묘사와 실외 묘사로 나뉩니다. 실내 묘사는 시험장 묘사하기, 집 구조 묘사하기, 직장이나 학교 묘사하기 등이 있습니다. 실외 묘사는 내가 사는 동네 묘사하기, 나의 고향 묘사하기, 공원 묘사하기 등으로 나눌 수 있습니다.

완벽! 가이드라인

MP3 Track 04-01

저는 지금 시험장의 책상 앞에 앉아 있습니다. 저는 책상 위에 놓여 있는 전화기로 시험을 치르고 있습니다. 시험을 보는 동안에는 아무것도 가지고 들어올 수 없기 때문에 책상 위에는 전화기만 놓여 있습니다. 저의 오른쪽에는 벽과 문이 있습니다. 저 문은 제가 시험을 치르는 동안 잠겨 있습니다. 저의 주변에는 의자와 책상 몇몇 개가 놓여 있습니다. 제 왼쪽에는 큰 창문이 있고 창문 밖으로 높은 빌딩이 보입니다. 저의 앞에는 아무것도 쓰여지지 않은 칠판이 있습니다. 시험장은 제법 큰 편인데 저 혼자 있어서 긴장이 됩니다.

Sekarang saya duduk di depan meja di tempat ujian. Saya sedang ikut ujian lewat telepon yang ada di atas meja ini. Karena tidak boleh membawa barang apa pun selama ikut ujian, di atas meja hanya ada telepon saja. Di sebelah kanan saya ada dinding dan pintu. Pintu itu dikunci selama saya ikut ujian. Di sekitar saya ada beberapa meja dan kursi. Di sebelah kiri saya ada jendela yang besar, dan saya bisa melihat gedung-gedung yang tinggi dari jendela itu. Di depan saya ada papan tulis yang tidak ditulis apa-apa. Tempat ujian ini cukup besar tetapi sekarang saya ada di sini sendiri jadi merasa tegang.

필수 어휘

MP3 Track 04-02

meja	책상	telepon	전화기
kursi	의자	pintu	문
jendela	창문	dinding	벽
papan tulis	칠판	jam dinding	벽시계
lampu	등, 전등	AC	에어컨
ruang keluarga	거실	rak buku	책꽂이
ruang makan	식당	lemari baju	옷장
kamar tidur	침실	tempat tidur	침대
dapur	부엌	sofa	소파
kamar mandi	욕실	gorden	커튼
rumah	집	taman	공원
apartemen	아파트	supermarket	슈퍼마켓
kantor	사무실	mal	백화점
kampus	학교 / 교정	bank	은행
kantor polisi	경찰서	stasiun	역
atas	위	bawah	아래
kanan	오른쪽	kiri	왼쪽
luas	넓은	sempit	좁은

인 도 네 시 아 어 OPI

필수 패턴

01 Saya sedang duduk di depan meja untuk ikut ujian OPI.
저는 지금 OPI 시험을 치르기 위해 책상 앞에 앉아 있습니다.

02 Yang pertama, saya bisa melihat A.
첫 번째로, 저는 A를 볼 수 있습니다.

03 Akhirnya, saya bisa merasa B.
마지막으로, 저는 B를 느낄 수 있습니다.

04 Ada jendela kecil di sebelah kiri saya.
제 왼쪽 옆에는 작은 창이 있습니다.

인 도 네 시 아 어 OPI

필수 문법

01 tetapi / namun : 하지만

- Saya lahir di Seoul **tetapi** sekarang tinggal di Busan.
  저는 서울에서 태어났**지만** 지금은 부산에 살고 있습니다.
- Saya sudah makan siang **namun** masih lapar.
  저는 점심을 먹었**음에도** 아직 배가 고픕니다.

02 sedangkan / pedahal : 반면에, 사실은

- Dia sudah selesai pekerjaan itu, **sedangkan** saya masih mengerjakannya.
  그는 그 업무를 끝낸 **반면** 저는 아직 작업 중입니다.
- Ibu ingin membeli barang itu **padahal** tidak dijual di Korea.
  어머니께서 그 물건을 사고 싶어하시는 **반면** 한국에서 판매되지는 않습니다.

예시 미리보기

(내 자리) Sekarang saya duduk di depan meja di dalam tempat ujian. Saya sedang ikut ujian lewat telepon yang ada di atas meja ini.

저는 지금 시험장에서 책상 앞에 앉아 있습니다. 저는 현재 이 책상 위에 있는 전화기를 통해 시험을 치르고 있습니다.

(오른쪽) Di sebelah kanan saya ada dinding dan pintu.

제 오른쪽에는 벽과 문이 있습니다.

(정면) Di sekitar saya ada beberapa meja dan kursi.

제 주변에는 책상과 의자 몇몇 개가 있습니다.

(왼쪽) Di sebelah kiri saya ada jendela yang besar dan saya bisa melihat gedung-gedung yang tinggi dari jendela itu.

제 왼쪽에는 큰 창문이 있고, 그 창문을 통해 높은 건물들을 볼 수 있습니다.

(앞) Di depan saya ada papan tulis yang tidak ditulis apa-apa.

저의 앞에는 아무것도 쓰여지지 않은 칠판이 있습니다.

(느낌) Tempat ujian ini cukup besar tetapi saya ada di sini sendiri sekarang jadi merasa tegang juga.

시험장은 제법 큰 편인데 지금 저 혼자 있어서 긴장이 됩니다.

★★ 완벽 예시 IL Target

세부 질문별 대답을 연결하면 자연스러운 서술형 대답이 가능합니다.

MP3 Track 04-03

Sekarang saya duduk di depan meja di dalam tempat ujian. Saya sedang ikut ujian lewat telepon yang ada di atas meja ini. Di sebelah kanan saya ada dinding dan pintu. Di sekitar saya ada beberapa meja dan kursi. Di sebelah kiri saya ada jendela yang besar dan saya bisa melihat gedung-gedung yang tinggi dari jendela itu. Di depan saya ada papan tulis yang tidak ditulis apa-apa. Tempat ujian ini cukup besar tetapi sekarang saya ada di sini sendiri jadi merasa tegang.

저는 지금 시험장에서 책상 앞에 앉아 있습니다. 저는 현재 이 책상 위에 있는 전화기를 통해 시험을 치르고 있습니다. 제 오른쪽에는 벽과 문이 있습니다. 제 주변에는 책상과 의자 몇몇 개가 있습니다. 제 왼쪽에는 큰 창문이 있고, 그 창문을 통해 높은 건물들을 볼 수 있습니다. 저의 앞에는 아무것도 쓰여지지 않은 칠판이 있습니다. 시험장은 제법 큰 편인데 지금 저 혼자 있어서 좀 더 긴장이 됩니다.

OPI 실전 팁

시험장에 들어가면 시험장 내부에 어떤 물건이 있고 공간적인 면에서 볼 때 어떤 특징이 있는지 아는 단어들을 활용하여 문장을 구성해 보세요. 실내 묘사는 기준점을 두고 시계 방향으로 돌아가며 세세하게 설명합니다. 실외 묘사는 기준점을 중심으로 주요 랜드마크들과의 거리와 건물의 모습, 용도 등을 묘사합니다.

완벽 예시 IM Target

제시된 내용에 적절한 접속사와 연결 어구를 활용하고, 한두 문장의 부연 설명을 추가하면 IM 수준 이상의 문장을 만들 수 있습니다.

MP3 Track 04-04

Sekarang saya duduk di depan meja di tempat ujian. Saya sedang ikut ujian lewat telepon yang ada di atas meja ini. Karena tidak boleh membawa barang apa pun selama ikut ujian, di atas meja hanya ada telepon saja. Di sebelah kanan saya ada dinding dan pintu. Pintu itu dikunci selama saya ikut ujian. Di sekitar saya ada beberapa meja dan kursi. Di sebelah kiri saya ada jendela yang besar, dan saya bisa melihat gedung-gedung yang tinggi dari jendela itu. Di depan saya ada papan tulis yang tidak ditulis apa-apa. Kelas ini cukup besar tetapi sekarang saya ada di sini sendiri jadi merasa tegang.

저는 지금 시험장의 책상 앞에 앉아 있습니다. 저는 책상 위에 놓여 있는 전화기로 시험을 치르고 있습니다. 시험을 보는 동안은 아무것도 가지고 들어올 수 없기 때문에 책상 위에는 전화기만 놓여 있습니다. 저의 오른쪽에는 벽과 문이 있습니다. 저 문은 제가 시험을 치르는 동안 잠겨 있습니다. 저의 주변에는 의자와 책상 몇몇 개가 놓여져 있습니다. 제 왼쪽에는 큰 창문이 있고 창문 밖으로 높은 빌딩이 보입니다. 저의 앞에는 아무것도 쓰여지지 않은 칠판이 있습니다. 교실은 제법 큰 편인데 저 혼자 있어서 좀 더 긴장이 됩니다.

다르게 말해 보기

- Dinding kamar saya berwarna biru muda.
  제 방의 벽은 연한 파란색입니다.
- Rumah saya agak jauh dari sini karena terletak di luar kota.
  저희 집은 시외에 위치해 있어서 여기서 좀 멉니다.

직접 연습하기

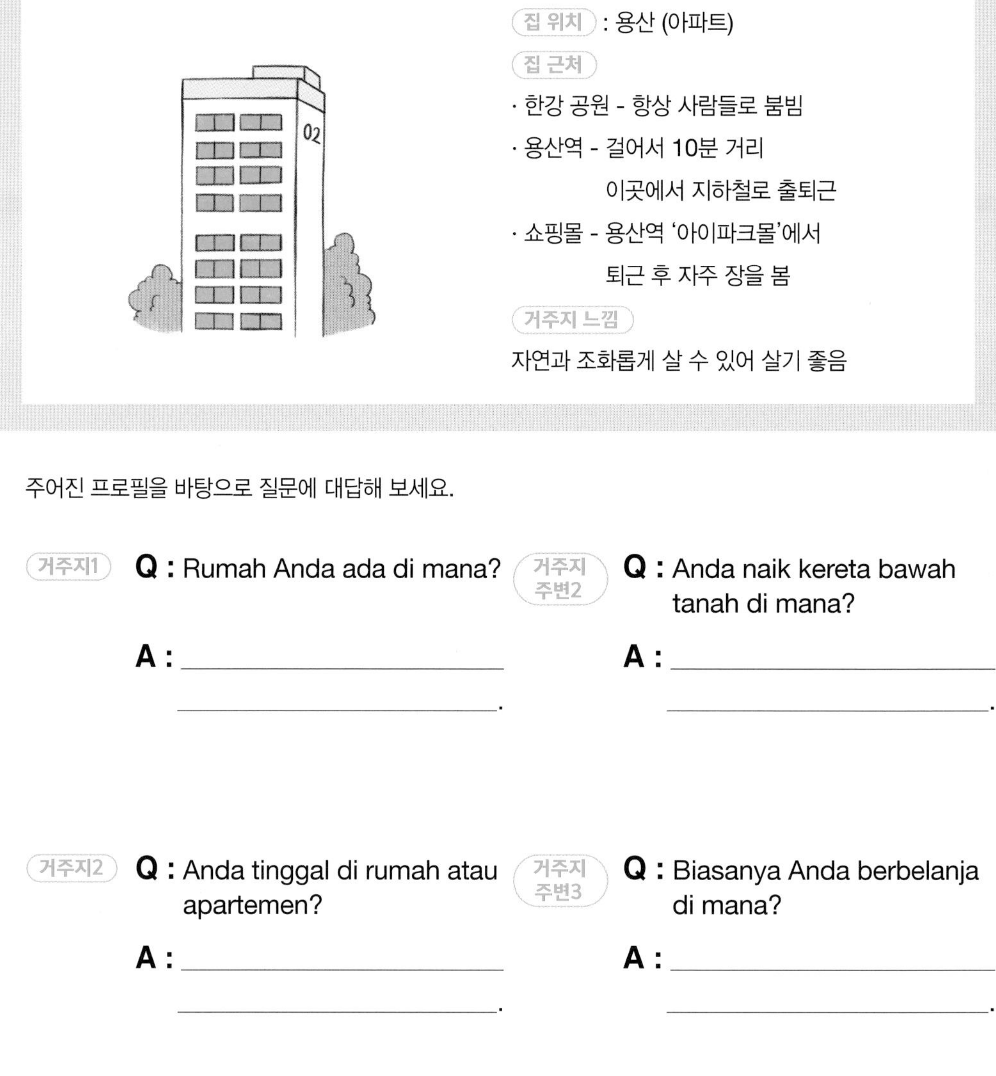

집 위치 : 용산 (아파트)

집 근처

- 한강 공원 - 항상 사람들로 붐빔
- 용산역 - 걸어서 10분 거리
  이곳에서 지하철로 출퇴근
- 쇼핑몰 - 용산역 '아이파크몰'에서
  퇴근 후 자주 장을 봄

거주지 느낌

자연과 조화롭게 살 수 있어 살기 좋음

주어진 프로필을 바탕으로 질문에 대답해 보세요.

거주지1 **Q :** Rumah Anda ada di mana?

A : ______________________________
______________________________.

거주지2 **Q :** Anda tinggal di rumah atau apartemen?

A : ______________________________
______________________________.

거주지 주변1 **Q :** Di dekat rumah Anda ada apa saja?

A : ______________________________
______________________________.

거주지 주변2 **Q :** Anda naik kereta bawah tanah di mana?

A : ______________________________
______________________________.

거주지 주변3 **Q :** Biasanya Anda berbelanja di mana?

A : ______________________________
______________________________.

만족도 **Q :** Apakah Anda suka tinggal di sana?

A : ______________________________
______________________________.

연습하기 IL Target

앞의 프로필을 바탕으로 빈칸을 채워 대답을 완성해 보세요.

__________ saya berada di Yongsan. Yongsan terletak di tengah Seoul. Saya tinggal di sebuah apartemen. Di dekat rumah saya ada taman __________ Han. Taman itu selalu ramai.

Jika 10 menit berjalan kaki, ada stasiun Yongsan. Saya selalu naik ____________________ di sana waktu bekerja. Di stasiun Yongsan ada juga mal yang besar, yaitu I – Park Mall, sehingga saya sering berbelanja di sana setelah ______________. Saya suka daerah Yongsan karena di daerah ini bisa hidup harmonis dengan alam.

저의 (집)은 용산에 있습니다. 용산은 서울의 중심에 있습니다. 저는 아파트에 살고 있습니다. 저의 집 근처에는 한(강)이 있습니다. 그 공원은 항상 붐빕니다.

10분 정도 걸어가면 용산역이 있습니다. 저는 일을 할 때 항상 그곳에서 (지하철)을 탑니다. 용산역에는 큰 백화점도 있는데 바로 아이파크 몰이고, 그래서 저는 (퇴근) 후에 종종 그곳에서 장을 봅니다. 저는 용산 지역을 좋아하는데 왜냐하면 이 지역에서는 자연과 조화되어 살 수 있기 때문입니다.

정답

Rumah / sungai / kereta bawah tanah / pulang kerja

연습하기 IM Target

앞의 프로필을 바탕으로 빈칸을 채워 대답을 완성해 보세요.

Rumah saya berada di Yongsan. Yongsan ________ di tengah Seoul. Saya tinggal di sebuah apartemen. Di dekat rumah saya ada taman sungai Han yang selalu ________. Kita bisa berolahraga apa saja di taman itu.

Jika 10 menit berjalan kaki, ada stasiun Yongsan. Jika berjalan kaki 5 menit lagi dari stasiun Yongsan, ada halte bus juga. Tetapi saya selalu naik kereta bawah tanah waktu bekerja karena ____________ transfer. Di stasiun Yongsan ada juga mal yang besar, yaitu I – Park Mall, sehingga saya sering berbelanja di sana setelah pulang kereja.

Di depan apartemen saya ada sungai Han yang indah dan juga ada banyak fasilitas di sekitar rumah saya. Jadi saya sangat suka daerah Yongsan, karena di daerah ini bisa hidup __________ dengan alam.

저의 집은 용산에 있습니다. 용산은 서울의 중심에 (위치해 있습니다). 저는 아파트에 살고 있습니다. 저의 집 가까이에는 항상 (붐비는) 한강 공원이 있습니다. 우리는 그 공원에서 아무 운동이든 할 수 있습니다.

10분을 걸어가면 용산역이 있습니다. 용산역에서 5분 더 걸어가면 버스 정류장도 있습니다. 하지만 저는 일을 할 때 항상 지하철을 타는데 환승할 (필요가 없기) 때문입니다. 용산역에는 큰 몰인 아이파크 몰도 있어서 퇴근 후에 그곳에서 자주 장을 봅니다.

제 아파트 앞에는 아름다운 한강이 있고 저의 집 근처에는 많은 부대시설이 있습니다. 그래서 저는 용산에 사는 것을 굉장히 좋아하는데, 이곳에서는 자연과 (조화되어) 살 수 있기 때문입니다.

정답

terletak / ramai / tidak perlu / harmonis

실전 연습하기

나만의 실전 노트를 만들어 보세요.

거주지1 **Q :** Rumah Anda ada di mana?

A : ______________________________
______________________________.

거주지2 **Q :** Anda tinggal di rumah atau apartemen?

A : ______________________________
______________________________.

거주지 주변1 **Q :** Di dekat rumah Anda ada apa saja?

A : ______________________________
______________________________.

거주지 주변2 **Q :** Anda naik kereta bawah tanah di mana?

A : ______________________________
______________________________.

거주지 주변3 **Q :** Biasanya Anda berbelanja di mana?

A : ______________________________
______________________________.

거주지 주변4 **Q :** Apakah Anda suka tinggal di sana?

A : ______________________________
______________________________.

위의 프로필을 바탕으로 본인의 답안을 작성해 보세요.

Bab 05

직장 소개

"Silakan perkenalkan perusahaan Anda."

당신의 회사 소개를 해 보세요.

질문 유형

- **Silakan perkenalkan perusahaan Anda.**

  당신의 회사를 소개해 보세요.

- **Silakan perkenalkan tugas Anda.**

  당신의 업무를 소개해 보세요.

직장 소개

"Silakan perkenalkan perusahaan Anda."

당신의 회사 소개를 해 보세요.

들어가기

직장 소개 질문은 크게 본인이 다니는 회사 소개와, 직무 소개 두 가지로 나뉩니다. 자주 출제되는 질문이면서 본인의 회사나 직무의 특성에 따라 중급 이상의 어휘를 사용해야 하는 경우가 있으므로 미리 어휘를 학습해 두어야 합니다.

완벽! 가이드라인 MP3 Track 05-01

저는 ABC 주식회사에서 7년째 연구원으로 일하고 있습니다. ABC 주식회사는 한국의 대기업 중 하나입니다. ABC 그룹은 10개 이상의 계열사를 가지고 있는데 전자, 식음료, 호텔, 패스트푸드, 유통, 중화학, IT, 건설 등입니다.

저는 식음료 분야에서 일을 하고 있습니다. 우리 회사는 다양한 음식과 음료를 만드는데, 인스턴트 음식과 탄산음료가 주입니다. 저희 제품 중에서 가장 유명한 것은 ABC 라면과 ABC 밥입니다. 이 두 제품은 인도네시아에서도 팔리고, 특히 ABC 밥은 그곳에서 굉장히 잘 팔립니다. 그래서 우리 회사는 인도네시아 시장에 새로운 제품을 개발하기 위해 집중하고 있습니다.

Saya sudah 7 tahun bekerja di PT ABC sebagai peneliti. PT ABC adalah salah satu perusahaan yang besar di Korea. ABC Group terdiri lebih dari 10 unit usaha seperti elektronik, makanan dan minuman, hotel, makanan cepat saji, ritel, bahan kimia berat, IT, konstruksi, dan lain-lain.

Saya bekerja di bagian makanan dan minuman. Perusahaan kami memproduksi banyak makanan dan minuman, khususnya makanan instan dan minuman bersoda. Yang paling terkenal di antara produk kami adalah mi ABC dan nasi ABC. Produk kedua ini juga dijual di Indonesia, apalagi nasi ABC sangat laris di sana. Jadi perusahaan kami sedang memfokuskan untuk mengembangkan produk baru di pasar Indonesia.

필수 어휘

MP3 Track 05-02

kantor pusat	본사	kantor cabang	지사
anak perusahaan	자회사	perusahaan afiliasi / unit usaha	계열사
bagian	부서 / 부분	usaha bersama	합작투자 / 협업
terdiri (dari)	~로 구성되다	perusahaan asing	외국계 회사
tugas	업무	perusahaan kecil dan menengah	중견기업
salah satu	~ 중의 하나	berkembang	발전하다
laporan	보고서	mengembangkan	발전시키다
mengirim	~을 보내다	memfokuskan	~에 집중하다
karyawan	직원 / 회사원	melaporkan	~에 대해 보고하다
atasan	상사	membalas	~을 회신하다
berdiri	일어서다 / 설립되다	membangun	건설하다 / 짓다
mengimpor	수입하다	menanam modal	자본을 투자하다
ekspor-impor	수출입	resmi	공식적인
yayasan	재단	mengekspor	수출하다
direktur	관리자	lembaga	연구기관 / 연구소
pemerintah	정부	institusi	공공기관 / 단체

인도네시아어 OPI

필수 패턴

01 Perusahaan saya salah satu perusahaan yang besar di Korea.
우리 회사는 한국의 대기업 중 하나입니다.

02 Saya bekerja di bagian makanan dan minuman.
저는 식음료 부서/분야에서 일하고 있습니다.

03 Tugas utama saya adalah mengecek barang impor dari Indonesia.
제 주 업무는 인도네시아에서 수입되는 물건을 확인하는 것입니다.

인도네시아어 OPI

필수 문법

kalau / jika : 만약 / ~하다면

가정과 조건에 쓰이는 접속사로 kalau / jika의 의미 차이는 없습니다. 일상회화에서 kalau가 구어체로 더 많이 쓰입니다.

01 kalau : 만약 / ~하다면

구어체 > 문어체

- Kami harus memakai seragam **kalau** ada acara resmi.
  우리는 공식 행사가 있**으면** 반드시 유니폼을 입어야 합니다.
- **Kalau** dia datang, tolong panggil saya.
  그가 오**면**, 저를 불러 주세요.

02 jika : 만약 / ~하다면

구어체 = 문어체

- Produksi produk A bisa naik 5 persen **jika** bisa membangun pabrik di Indonesia.
  인도네시아에 공장을 설립할 수 있**다면** A 생산품의 생산은 5% 증가할 수 있습니다.
- **Jika** hujan turun, sungai itu banjir.
  비가 내리**면** 그 강은 범람한다.

예시 미리보기

회사명 : ABC 주식회사

회사 분야 : 전자, 식음료, 호텔, 패스트푸드, 유통, 중화학, IT, 건설 등 10개 이상

나의 분야 : 식음료

생산품 : 인스턴트 및 탄산음료

주력품 : ABC 라면, ABC 밥

회사 목표 : 인도네시아 시장에 맞는 새로운 제품 개발

회사 소개

Q : Silakan perkenalkan perusahaan Anda.

당신의 회사를 소개해 보세요.

A : Saya sudah 7 tahun bekerja di PT ABC sebagai peneliti. PT ABC adalah salah satu perusahaan yang besar di Korea.

저는 연구원으로 ABC 주식회사에서 일한 지 7년이 되었습니다. ABC 주식회사는 한국의 대기업 중 하나입니다.

나의 분야

Q : Anda bekerja di bagian apa?

당신은 어떤 분야에서 일합니까?

A : Saya bekerja di bagian makanan dan minuman.

저는 식음료 분야에서 일합니다.

생산품

Q : Perusahaan Anda memproduksi produk apa?

당신의 회사에서는 어떤 제품을 생산합니까?

A : Perusahaan kami memproduksi banyak makanan dan minuman, khususnya makanan instan dan minuman bersoda.

저희 회사에서는 많은 음식과 음료를 생산하는데, 인스턴트 음식과 소다 음료가 주입니다.

주력품

Q : Produk apa yang paling terkenal di perusahaan Anda?

당신의 회사에서 가장 유명한 상품은 무엇입니까?

A : Yang paling terkenal di antara produk kami adalah mi ABC dan nasi ABC.

저희 상품 중 가장 유명한 것은 ABC 라면과 ABC 밥입니다.

회사 목표

Q : Apa tujuan perusahaan Anda?

당신의 회사의 목표는 무엇입니까?

A : Perusahaan kami sedang memfokuskan untuk mengembangkan produk baru di pasar Indonesia.

저희 회사는 현재 인도네시아 시장에서 신제품을 흥행시키는 것에 주력하고 있습니다.

★ ★ 완벽 예시 IL Target

세부 질문별 대답을 연결하면 자연스러운 서술형 대답이 가능합니다.

MP3 Track 05-03

Saya sudah 7 tahun bekerja di PT ABC sebagai peneliti. PT ABC adalah salah satu perusahaan yang besar di Korea. Saya bekerja di bagian makanan dan minuman. Perusahaan kami memproduksi banyak makanan dan minuman, khususnya makanan instan dan minuman bersoda. Yang paling terkenal di antara produk kami adalah mi ABC dan nasi ABC. Perusahaan kami sedang memfokuskan untuk mengembangkan produk baru di pasar Indonesia.

저는 ABC 주식회사에서 7년째 연구원으로 일하고 있습니다. ABC 주식회사는 한국의 대기업 중 하나입니다. 저는 식음료 분야에서 일을 하고 있습니다. 저희 회사는 다양한 음식과 음료를 만드는데, 인스턴트 음식과 탄산음료가 주입니다. 저희 제품 중 가장 유명한 것은 ABC 면과 ABC 밥입니다. 저희 회사는 인도네시아 시장에서 새로운 제품을 개발하기 위해 집중하고 있습니다.

OPI 실전 팁

시험 중 질문을 잘 못 들었다면 다시 한번 물어볼 수 있습니다. 그럴 때는 당황하지 말고 'Tolong ulangi lagi.' (다시 한번 말해 주세요) 혹은 'Maaf, suaranya kurang jelas. Bisa ulangi lagi?' ('죄송합니다, 소리가 잘 안 들리네요. 다시 말해 주실 수 있나요?')라고 질문해 보세요.

완벽 예시 IM Target

제시된 내용에 적절한 접속사와 연결 어구를 활용하고, 한두 문장의 부연 설명을 추가하면 IM 수준 이상의 문장을 만들 수 있습니다.

MP3 Track 05-04

Saya sudah 7 tahun bekerja di PT ABC sebagai peneliti. PT ABC adalah salah satu perusahaan yang besar di Korea. ABC Group terdiri lebih dari 10 unit usaha seperti elektronik, makanan dan minuman, hotel, makanan cepat saji, ritel, bahan kimia berat, IT, konstruksi, dan lain-lain.

Saya bekerja di bagian makanan dan minuman. Perusahaan kami memproduksi banyak makanan dan minuman, khususnya makanan instan dan minuman bersoda. Yang paling terkenal di antara produk kami adalah mi ABC dan nasi ABC. Kedua produk ini juga dijual di Indonesia, apalagi nasi ABC sangat laris di sana. Jadi perusahaan kami sedang memfokuskan untuk mengembangkan produk baru di pasar Indonesia.

저는 ABC 주식회사에서 7년째 연구원으로 일하고 있습니다. ABC 주식회사는 한국의 대기업 중 하나입니다. ABC 그룹은 10개 이상의 계열사를 가지고 있는데 전자, 식음료, 호텔, 패스트푸드, 유통, 중화학, IT, 건설 등입니다.

저는 식음료 분야에서 일을 하고 있습니다. 우리 회사는 다양한 음식과 음료를 만드는데, 인스턴트 음식과 탄산음료가 주입니다. 저희 제품 중에서 가장 유명한 것은 ABC 라면과 ABC 밥입니다. 이 두 제품은 인도네시아에서도 팔리고, 특히 ABC 밥은 그곳에서 굉장히 잘 팔립니다. 그래서 우리 회사는 인도네시아 시장에서 새로운 제품을 개발하기 위해 집중하고 있습니다.

다르게 말해 보기

- Saya bekerja dalam bidang edukasi.
  저는 교육 분야에서 일하고 있습니다.
- Saya merasa bangga dengan tugas saya.
  저는 제 업무에 자부심을 느낍니다.

직접 연습하기

이름 : 박민수
회사 : ABC 주식회사
분야 : 식음료
부서 : 신제품 개발팀
직책 : 선임 연구원
주요 업무 : 신제품 개발을 위한 음식 연구. 다양한 곳에서 음식을 먹어 보고 분석함
업무 환경 : 외근이 많아 사무실에 있는 시간이 적음. 새로운 곳에 가서 새로운 사람을 만나고 경험할 수 있는 좋은 환경

주어진 프로필을 바탕으로 질문에 대답해 보세요.

회사 **Q :** Anda bekerja di mana?

A : ________________________________
________________________________.

주요 업무 **Q :** Apa tugas Anda?

A : ________________________________
________________________________.

분야 **Q :** Anda bekerja di bagian apa?

A : ________________________________
________________________________.

업무 환경 **Q :** Bagaimana suasana tempat kerja Anda?

A : ________________________________
________________________________.

직책 **Q :** Apa jabatan Anda?

A : ________________________________
________________________________.

연습하기 IL Target

앞의 프로필을 바탕으로 빈칸을 채워 대답을 완성해 보세요.

Saya sudah 7 tahun bekerja di PT ABC. Saya bekerja di ______________ makanan dan minuman. Jabatan saya peneliti senior. Tugas saya adalah produk baru. Jadi saya sering pergi ke mana-mana, bukan hanya dalam negeri tetapi luar negeri untuk mencoba makanan dan minuman yang baru.

Karena saya sering pergi ke mana-mana, saya ______________ ada di dalam kantor. Saya bertemu dengan orang baru dan mengalami banyak pengalaman dengan lingkungan yang baru di luar kantor.

저는 ABC 주식회사에서 7년째 일하고 있습니다. 저는 식음료 (분야)에서 일을 하고 있습니다. 제 직책은 선임 연구원입니다. 제 업무는 신제품 개발입니다. 그래서 저는 국내뿐만 아니라 외국까지 새로운 식음료를 경험하러 늘 돌아다닙니다.

저는 자주 여기저기에 가기 때문에 사무실 안에 있는 경우가 (드뭅니다). 저는 사무실 밖에서 새로운 사람들을 만나고 많은 새로운 환경을 경험합니다.

정답

bagian / jarang

연습하기 IM Target

앞의 프로필을 바탕으로 빈칸을 채워 대답을 완성해 보세요.

Saya sudah 7 tahun bekerja di PT ABC. Saya bekerja di bagian makanan dan minuman sebagai peneliti senior. Tugas saya adalah mengembangkan ___________. Jadi saya sering pergi ke mana-mana, ___________ dalam negeri, tetapi luar negeri untuk mencoba makanan dan minuman yang baru. Jika menemukan makanan atau minuman yang unik dan enak di sana, saya membawa ke tim kami agar bisa mengembangkan produk baru kami.

Karena saya sering pergi ___________, saya jarang ada di dalam kantor. Saya bertemu dengan orang baru dan ___________ banyak lingkungan yang baru di luar kantor. Menurut saya, tugas saya sangat ___________ dengan saya karena saya tidak pernah merasa bosan selama saya bekerja.

저는 ABC 주식회사에서 7년째 일하고 있습니다. 저는 식음료 분야에서 선임 연구원으로 일하고 있습니다. 제 업무는 (신제품)을 개발하는 것입니다. 그래서 저는 국내(뿐만 아니라) 외국까지 새로운 식음료를 경험하러 늘 돌아다닙니다. 만약 그곳에서 특이하고 맛있는 식음료를 발견하면, 저는 저희 신제품으로 개발할 수 있도록 팀으로 가져갑니다.

저는 자주 (여기저기에) 가기 때문에 사무실 안에 있는 경우가 드뭅니다. 저는 사무실 밖에서 새로운 사람들을 만나고 많은 새로운 환경을 (경험합니다). 일하면서 지루함을 느껴 본 적이 없기 때문에, 제 생각에 제 업무는 저와 매우 (잘 맞는 것) 같습니다.

정답

produk baru / bukan hanya / ke mana mana / mengalami / cocok

실전 연습하기

나만의 실전 노트를 만들어 보세요.

회사 **Q :** Anda bekerja di mana?

A : ______________________________

______________________________.

주요 업무 **Q :** Apa tugas Anda?

A : ______________________________

______________________________.

분야 **Q :** Anda bekerja di bagian apa?

A : ______________________________

______________________________.

업무 환경 **Q :** Bagaimana suasana tempat kerja Anda?

A : ______________________________

______________________________.

직책 **Q :** Apa jabatan Anda?

A : ______________________________

______________________________.

위의 프로필을 바탕으로 본인의 답안을 작성해 보세요.

Bab

06

전공 소개

"Apa jurusan Anda?"

당신의 전공은 무엇인가요?

질문 유형

- **Apa jurusan Anda?**

  당신의 전공은 무엇입니까?

- **Anda mengambil jurusan apa waktu kuliah?**

  당신은 대학 재학 시절 무엇을 전공했습니까?

전공 소개

"Apa jurusan Anda?"

당신의 전공은 무엇인가요?

들어가기

응시자가 대학생인 경우, 학교 관련 질문을 포함하여 전공에 대해 질문할 가능성이 높습니다. 전공에 대한 소개, 전공을 선택한 이유, 해당 전공의 전망은 물론 내가 좋아하거나 싫어하는 수업과 그 이유까지 학교 생활의 전반적인 부분에 대한 답변을 준비해야 합니다.

완벽! 가이드라인

MP3 Track 06-01

저는 한국대학교에 재학 중이고 제 전공은 인도네시아 문학입니다. 어릴 때부터 외국어 배우는 것을 좋아했고 문학 책을 읽는 것이 취미였습니다. 그래서 인도네시아 문학을 전공으로 선택하였습니다. 저는 졸업 후에 인도네시아에서 일을 하고 싶습니다.

부전공으로는 경영학을 배우고 있습니다. 그 중에서도 재무를 집중적으로 배우고 있는데 재무에 능통하면 인도네시아에서 일자리를 더 쉽게 얻을 수 있다고 들었기 때문입니다. 내년에는 인도네시아에서 공부할 수 있도록 인도네시아 교환 학생 과정에 참여할 것입니다.

Saya kuliah di Universitas Korea dan jurusan saya sastra Indonesia. Sejak masih kecil, saya suka belajar bahasa asing serta hobi saya membaca buku-buku sastra. Jadi saya memilih jurusan sastra Indonesia. Saya ingin bekerja di Indonesia setelah S1.

Minor saya adalah manajemen bisnis. Di antaranya saya memfokuskan belajar finansial karena saya mendengarkan bahwa lebih mudah dapat pekerjaan di Indonesia jika sudah pintar finansial. Tahun depan, saya akan mengikuti program pertukaran mahasiswa ke Indonesia agar bisa belajar di sana.

필수 어휘

MP3 Track 06-02

jurusan	전공	memfokuskan	~에 집중하다
minor	부전공	memilih	선택하다
kuliah dasar	교양 과목	jurusan kedua	제2전공 (복수 전공)
mahasiswa	대학생	mata kuliah	전공 과목
mahasiswi	여대생	mahasiswa pertukaran	교환학생
lulusan	졸업생	beasiswa	장학생
S1 (sarjana 1)	학사	mengambil	갖다 / 선택하다
S2 (sarjana 2)	석사	sastra	문학
S3 (sarjana 3)	박사	perpustakaan	도서관
les pribadi	개인 과외	kantin	매점
magang	인턴	gedung	건물
melamar	지원하다	mushola	기도실
lamaran kerja	이력서 (커버레터)	bimbingan	지도
dosen	교수	kelas	학년
organisasi mahasiswa	학생회	cuti semester	휴학
wajib militer	병역의무	semester	학기
ilmu sastra Inggris	영문학	ilmu manajemen	경영학

인도네시아어 OPI

필수 패턴

01 Saya kuliah di Universitas Korea dan jurusan saya sastra Indonesia.
저는 한국대학교에 다니고 전공은 인도네시아 문학입니다.

02 Saya adalah lulusan sastra Indonesia di Universitas Korea.
저는 한국대학교 인도네시아어 전공 졸업생입니다.

03 Saya memilih jurusan ini karena A.
저는 A 때문에 이 전공을 선택했습니다.

04 Saya ingin bekerja di N setelah lulus.
저는 졸업 후에 N에서 일하고 싶습니다.

인도네시아어 OPI

karena / sebab : 왜냐하면

절의 내용이 주절의 원인이나 근거, 조건 따위가 될 때 쓰는 접속사입니다.

- Saya sedang bercuti **karena** hamil.
  임신을 **해서** 저는 현재 휴직 중입니다.
- **Karena** terlalu sibuk, saya tidak bisa menghabiskan waktu dengan keluarga saya.
  저는 너무 바쁘기 **때문에** 가족들과 시간을 보낼 수 없습니다.
- Keluarga saya akan pindah ke Indonesia **sebab** saya akan bekerja di sana.
  제가 인도네시아에서 일할 예정**이어서** 저희 가족은 인도네시아로 이사할 것입니다.
- **Sebab** ayah saya sudah pensiun, orang tua saya ingin tinggal di kampung mereka.
  아버지께서 은퇴하셨기 **때문에** 부모님은 고향에서 살길 원하십니다.

예시 미리보기

이름 : 박진영

전공 : 인도네시아 문학

부전공 : 경영 (재무)

전공 선택 이유 : 어릴 때부터 외국어 공부와 문학 책을 읽는 것을 좋아함

부전공 선택 이유 : 인도네시아에서 더 쉽게 일자리를 얻을 수 있다고 들어서

향후 목표 : 인도네시아 회사에 취업

전공

Q : Apa jurusan Anda?

당신의 전공은 무엇입니까?

A : Jurusan saya sastra Indonesia.

제 전공은 인도네시아 문학입니다.

선택 이유

Q : Mengapa Anda mengambil/memilih jurusan itu?

당신은 왜 그 전공을 선택했습니까?

A : Sejak masih kecil, saya suka belajar Bahasa asing serta hobi saya membaca buku-buku sastra.

어렸을 적부터 저는 외국어 배우는 것을 좋아했고 문학 책을 읽는 것이 취미였습니다.

부전공

Q : Apakah Anda juga mengambil minor/jurusan kedua?

당신은 부전공을 하고 있습니까?

A : Ya. Minor saya adalah manajemen bisnis.

네. 제 부전공은 경영학입니다.

선택 이유

Q : Mengapa Anda memilih minor itu?

당신은 왜 그 부전공을 선택했나요?

A : Saya mendengar bahwa lebih mudah dapat pekerjaan di Indonesia jika sudah pintar finansial.

재무에 능통하면 인도네시아에서 일자리를 더 쉽게 얻을 수 있다고 들었기 때문입니다.

향후 목표

Q : Bagaimana rencana Anda setelah S1?

학사 과정 이후의 계획은 어떻게 되나요?

A : Saya ingin bekerja di Indonesia setelah S1.

저는 학사 과정 이후에 인도네시아에서 일하고 싶습니다.

★★ 완벽 예시 IL Target

세부 질문별 대답을 연결하면 자연스러운 서술형 대답이 가능합니다.

MP3 Track 06-03

Jurusan saya sastra Indonesia. Sejak masih kecil, saya suka belajar bahasa asing serta hobi saya membaca buku-buku sastra. Jadi saya mengambil jurusan sastra Indonesia.

Minor saya adalah manajemen bisnis. Saya mendengar bahwa lebih mudah dapat pekerjaan di Indonesia jika sudah pintar finansial. Saya ingin bekerja di Indonesia setelah S1.

제 전공은 인도네시아 문학입니다. 어릴 적부터 외국어 배우는 것을 좋아했고 문학 책을 읽는 것이 취미였습니다. 그래서 저는 인도네시아 문학 전공을 선택했습니다.

저는 부전공으로 경영학을 배우고 있습니다. 재무에 능통하면 인도네시아에서 일자리를 더 쉽게 얻을 수 있다고 들었습니다. 저는 학사 과정 후에 인도네시아에서 일을 하고 싶습니다.

OPI 실전 팁

시험을 보는 중에 모르는 단어를 듣게 되면 당황하기 쉽습니다. 이럴 때는 당황하지 말고, 해당 단어의 의미를 물어보는 것이 좋습니다. 'Apa artinya kata A?' (A 단어의 의미가 무엇인가요?) / 'Bisakah jelaskan arti kata A?' (A 단어의 의미를 설명해 주실 수 있나요?) 등의 질문을 활용할 수 있습니다.

완벽 예시 IM Target

제시된 내용에 적절한 접속사와 연결 어구를 활용하고, 한두 문장의 부연 설명을 추가하면 IM 수준 이상의 문장을 만들 수 있습니다.

MP3 Track 06-04

Saya kuliah di Universitas Korea dan jurusan saya sastra Indonesia. Sejak masih kecil, saya suka belajar bahasa asing serta hobi saya membaca buku-buku sastra. Jadi saya memilih jurusan sastra Indonesia. Saya ingin bekerja di Indonesia setelah S1.

Minor saya adalah manajemen bisnis. Di antaranya saya memfokuskan belajar finansial karena saya mendengar bahwa lebih mudah dapat pekerjaan di Indonesia jika sudah pintar finansial. Tahun depan, saya akan mengikuti program pertukaran mahasiswa ke Indonesia agar bisa belajar di sana.

저는 한국대학교에 재학 중이며 제 전공은 인도네시아 문학입니다. 어릴 적부터 외국어 배우는 것을 좋아했고 문학 책을 읽는 것이 취미였습니다. 그래서 인도네시아 문학을 전공으로 선택하였습니다. 저는 학사 과정 후에 인도네시아에서 일을 하고 싶습니다.

제 부전공은 경영학입니다. 그 중에서도 재무를 집중적으로 배우고 있는데 재무에 능통하면 인도네시아에서 일자리를 더 쉽게 얻을 수 있다고 들었기 때문입니다. 내년에는 인도네시아에서 공부할 수 있도록 인도네시아 교환 학생 과정에 참여할 것입니다.

다르게 말해 보기

- Saya baru lulus dari SMA.
  저는 막 고등학교를 졸업했습니다.
- Saya berencana untuk mengambil S2 di Indonesia.
  저는 인도네시아에서 석사 공부를 할 예정입니다.

직접 연습하기

이름 : 이지나

전공 : 통계학

복수 전공 : 영문학

전공 선택 이유 : 숫자를 좋아하고 데이터로 분석하는 것을 좋아함

현재 업무와 연관성

소비자들의 성향을 다양한 방법으로 분석하여 마케팅에 적용 가능. 복수 전공으로 영어를 공부하여 영어 자료도 쉽게 읽을 수 있음

주어진 프로필을 바탕으로 질문에 대답해 보세요.

전공 **Q :** Anda mengambil jurusan apa waktu kuliah?

A : ______________________________
______________________________.

선택 이유 **Q :** Mengapa Anda memilih sastra Inggris sebagai jurusan kedua Anda?

A : ______________________________
______________________________.

선택 이유 **Q :** Mengapa Anda mengambil/memilih jurusan itu?

A : ______________________________
______________________________.

직무 연관 **Q :** Apakah pekerjaan Anda ada hubungan dengan jurusan Anda?

A : ______________________________
______________________________.

복수 전공 **Q :** Apakah Anda juga mengambil minor/jurusan kedua?

A : ______________________________
______________________________.

연습하기 IL Target

앞의 프로필을 바탕으로 빈칸을 채워 대답을 완성해 보세요.

Saya ________ jurusan ilmu statistik waktu kuliah karena saya suka angka dan menganalis data-data. ____________ saya sastra Inggris sebab bahasa Inggris adalah bahasa resmi yang paling umum di dunia.

Saya sedang bekerja di tim marketing. Saya menganalis selera ________ dengan menggunakan berbagai metode. Data-data yang sudah saya analis akan diterapkan di marketing. Kemudian saya bisa menganalis data-data dalam bahasa Inggris karena sudah belajar dengan rajin waktu ____________.

저는 숫자와 데이터 분석하는 것을 좋아하기 때문에 대학 시절 통계학을 전공으로 (들었습니다). 저의 (복수 전공)은 영문학인데, 영어가 세계에서 가장 보편적인 공식 언어이기 때문입니다.

저는 현재 마케팅 팀에서 일하고 있습니다. 저는 다양한 방법으로 (소비자)들의 성향을 분석합니다. 제가 분석한 데이터는 마케팅에 반영됩니다. 또한, 저는 (학부) 시절 열심히 공부했기 때문에 영문 데이터를 분석할 수 있습니다.

정답

mengambil / Jurusan kedua / konsumen / kuliah

연습하기 IM Target

앞의 프로필을 바탕으로 빈칸을 채워 대답을 완성해 보세요.

Saya mengambil jurusan ilmu statistik waktu kuliah karena saya suka angka dan ___________. Selama saya berkuliah di sana, saya pernah berpikir bahwa saya perlu mengembangkan kemampuan bahasa Inggris sebab bahasa Inggris adalah __________ yang paling umum di dunia. Jadi saya mengambil jurusan kedua saya, yaitu sastra Inggris.

Saya sedang bekerja di tim marketing dan tugas saya ada banyak hubungan dengan jurusan saya. Saya menganalis selera konsumen dengan menggunakan berbagai metode. Data-data yang sudah saya analis akan diterapkan di marketing. __________, data-data asing yang ditulis dalam bahasa Inggris pun saya ________________ dengan mudah karena saya belajar bahasa Inggris dengan rajin waktu kuliah.

저는 숫자와 데이터 (분석)하는 것을 좋아하기 때문에 대학 시절 통계학을 전공으로 들었습니다. 학교를 다니는 동안 저는 세계에서 가장 보편적인 (공식 언어)인 영어 능력을 길러야 할 필요가 있다는 생각이 들었습니다. 그래서 저는 복수 전공으로 영문학을 들었습니다.

저는 현재 마케팅 팀에서 일하고 있으며 제 업무는 제 전공과 많은 연관이 있습니다. 저는 다양한 방법으로 소비자들의 성향을 분석합니다. 그리고 제가 분석한 데이터는 마케팅에 반영됩니다. (그리고), 저는 학부 시절 열심히 공부했기 때문에 영문으로 된 외국 데이터도 쉽게 (읽을 수 있습니다).

정답

menganalis / bahsa resmi / Kemudian / bisa membaca

실전 연습하기

나만의 실전 노트를 만들어 보세요.

(전공) **Q :** Anda mengambil jurusan apa waktu kuliah?

A : ______________________________
______________________________.

(선택 이유) **Q :** Mengapa Anda mengambil/memilih jurusan itu?

A : ______________________________
______________________________.

(복수 전공) **Q :** Anda juga mengambil minor/jurusan kedua?

A : ______________________________
______________________________.

(선택 이유) **Q :** Mengapa Anda mengambil minor/jurusan kedua itu?

A : ______________________________
______________________________.

(직무 연관) **Q :** Apakah pekerjaan Anda ada hubungan dengan jurusan Anda?

A : ______________________________
______________________________.

위의 프로필을 바탕으로 본인의 답안을 작성해 보세요.

Bab

07

대중교통 이용

"Anda naik apa waktu datang ke tempat ujian?"

시험장에 올 때 당신은 무엇을 탔나요?

질문 유형

- **Anda naik apa waktu datang ke tempat ujian?**

  당신은 시험장에 올 때 무엇을 타고 왔나요?

- **Anda menggunakan transportasi apa waktu datang ke tempat ujian?**

  당신은 시험장까지 오는 데 어떤 교통수단을 이용했나요?

대중교통 이용

"Anda naik apa waktu datang ke tempat ujian?"

시험장에 올 때 당신은 무엇을 탔나요?

들어가기

시험장에 올 때 무엇을 타고 어떻게 왔는지에 대한 질문에는 내가 이용한 대중교통에 대해서 단답형으로 대답하기보다는 집에서부터 시험장까지의 이동 과정을 상세하게 설명하는 것이 좋습니다. 시험장뿐만 아니라 출퇴근할 때 이용하는 교통수단이나 평상시에 이용하는 대중교통 등으로 유형을 변경하여 질문하기도 합니다.

완벽! 가이드라인

MP3 Track 07-01

주말에 저는 가끔 직접 운전을 하기도 하지만, 주중에는 대중교통을 이용합니다. 그중에서도 지하철 타는 것을 가장 좋아하는데 지하철 역이 집에서 가깝고 항상 정시에 도착하기 때문입니다. 그래서 저는 오늘 시험장에도 지하철을 타고 왔습니다.

오늘 시험이 10시에 시작되기 때문에 저는 아침 8시에 집에서 출발했습니다. 망원역까지 10분 정도 걸어서 도착한 후 저는 6호선을 탔습니다. 합정역에서 2호선으로 환승하여 강남역에서 내렸습니다. 강남역에서 시험장까지는 걸어갈 수 있었고, 10분 정도 걸렸습니다. 집에서 시험장까지 대략 1시간 정도 걸렸습니다.

Kadang-kadang saya menyetir mobil sendiri pada akhir pekan, tetapi saya menggunakan transportasi umum waktu hari kerja. Di antaranya, saya paling suka naik kereta bawah tanah karena stasitun kereta bawah tanah dekat dari rumah saya dan selalu datang tepat waktu. Jadi hari ini juga saya naik metro sampai tempat ujian.

Saya berangkat dari rumah saya jam 8 pagi karena ujian hari ini akan mulai jam 10.00. Setelah jalan kaki 10 menit sampai stasiun Mangwon, saya naik kereta bawah tanah jalur 6. Di stasiun Hapjeong, saya transfer ke jalur 2, lalu turun di stasiun Gangnam. Dari Stasiun Gangnam bisa jalan kaki sampai tempat ujian memakan waktu 10 menit. Dari rumah saya sampai tempat ujian, memakan waktu sekitar 1 jam.

필수 어휘

MP3 Track 07-02

transportasi umum / kendaraan umum	대중교통	mobil	차
memakan waktu	시간이 소요되다	sepeda	자전거
tepat waktu	정시	sepeda motor	오토바이
terlambat	지각하다 / 늦다	kereta bawah tanah	지하철
menyetir	운전하다	bus	버스
naik	타다	kereta api	기차
turun	내리다	kapal	배
mampir	들르다	pesawat	비행기
transfer	환승하다	halte bus	버스 정류장
menjemput	마중하다	stasiun	역
mengantar	데려다주다	pelabuhan	항구
menyeberang	건너다	bandara	공항
berjalan kaki	걷다	tempat parkir	주차장
parkir	주차하다	jalur khusus bus	버스 전용 차선
macet	막히다	penumpang	승객
lancar	유창한 / 원활한	sopir	운전기사

인도네시아어 OPI

필수 패턴

01 Saya lebih suka naik kereta bawah tanah daripada naik bus.
저는 버스를 타는 것보다 지하철을 타는 것을 더 좋아합니다.

02 Kereta bawah tanah selalu datang tepat waktu.
지하철은 항상 정시에 옵니다.

03 Jalan kaki 10 menit, bisa sampai di stasiun Mangwon.
10분을 걸으면, 망원역에 도착할 수 있습니다.

인도네시아어 OPI

필수 문법

lalu / kemudian / selanjutnya : 그리고 / −하고 나서

구, 절, 문장 따위를 병렬적으로 혹은 시간 순으로 연결할 때 사용합니다.

- Saya berjalan kaki sampai stasiun Yongsan, **lalu** naik kereta bawah tanah.
  저는 용산역까지 걸어**가서** 지하철을 탑니다.
- Saya sudah sampai di stasiun Yeoksam. **Kemudian** saya memanggil taksi.
  저는 역삼역에 도착했습니다. **그리고** 택시를 불렀습니다.
- Kelas Matematika sudah selesai. **Selanjutnya** ada kelas bahasa Inggris.
  수학 수업이 끝났습니다. **그리고** 영어 수업이 있습니다.

예시 미리보기

(이름) : 박진영

(대중교통 이용 시기) : 평일

(선호하는 대중교통) : 지하철

(이유) : 집에서 지하철역이 가깝고 항상 정시에 도착

(시험장까지 이용 교통수단)

도보와 지하철, 한 시간 정도 소요

(교통수단)

Q : Anda naik apa waktu datang ke tempat ujian?

당신은 시험장까지 무엇을 타고 왔나요?

A : Hari ini saya naik kereta bawah tanah sampai tempat ujian.

저는 오늘 시험장까지 지하철을 타고 왔습니다.

(이용 시간)

Q : Kapan Anda menggunakan transportasi umum?

언제 당신은 대중교통을 이용하나요?

A : Saya menggunakan transportasi umum waktu hari kerja.

저는 평일에 대중교통을 이용합니다.

(선호도)

Q : Anda paling suka menggunakan kendaraan umum apa?

당신은 어떤 대중교통을 가장 좋아하나요?

A : Di antara transportasi umum, saya paling suka naik kereta bawah tanah karena stasiunnya dekat dari rumah saya dan selalu datang tepat waktu.

대중교통 중에서도, 저는 집에서 역이 가깝고 항상 정시에 도착하는 지하철을 가장 좋아합니다.

(소요 시간)

Q : Jam berapa Anda berangkat dari rumah? Berapa lama dari rumah Anda sampai ke sana?

당신은 집에서 몇 시에 출발하였나요? 집에서 그곳까지 얼마나 걸렸나요?

A : Saya berangkat dari rumah saya jam 8 pagi karena ujian hari ini akan mulai jam 10.00. Dari rumah saya sampai tempat ujian, memakan waktu sekitar 1 jam dengan kereta bawah tanah.

오늘 시험이 10시에 시작되기 때문에 저는 8시에 집에서 출발했습니다. 저희 집에서 시험장까지는 지하철로 1시간 정도 걸립니다.

★★ 완벽 예시 IL Target

세부 질문별 대답을 연결하면 자연스러운 서술형 대답이 가능합니다.

MP3 Track 07-03

Saya menggunakan transportasi umum waktu hari kerja. Di antara transportasi umum, saya paling suka naik kereta bawah tanah karena stasitunnya dekat dari rumah saya dan selalu datang tepat waktu. Jadi hari ini saya naik kereta bawah tanah sampai tempat ujian.

Saya berangkat dari rumah saya jam 8 pagi sebab ujian hari ini akan mulai jam 10.00. Dari rumah saya sampai tempat ujian memakan waktu sekitar 1 jam.

저는 주중에 대중교통을 이용합니다. 저는 대중교통 중에서 지하철을 가장 좋아하는데 역이 집에서 가깝고, 항상 정시에 오기 때문입니다. 그래서 오늘 저는 시험장까지 지하철을 탔습니다.

저는 오늘 시험이 10시에 시작하기 때문에 집에서 8시에 출발했습니다. 집에서 시험장까지는 약 1시간이 걸렸습니다.

OPI 실전 팁

OPI 시험은 강남에 위치한 쏭즈캠퍼스 별관에서 치르게 됩니다. 지하철 2호선 강남역과 가까워 지하철을 이용하는 응시자가 많은 편이지만, 본인이 이용할 대중교통에 대해 미리 알아보고, 집에서부터 시험장까지의 동선을 인도네시아어로 미리 준비해 놓는 것이 좋습니다.

완벽 예시 IM Target

제시된 내용에 적절한 접속사와 연결 어구를 활용하고, 한두 문장의 부연 설명을 추가하면 IM 수준 이상의 문장을 만들 수 있습니다.

MP3 Track 07-04

Kadang-kadang saya menyetir mobil sendiri pada akhir pekan, tetapi saya menggunakan transportasi umum waktu hari kerja. Di antaranya, saya paling suka naik kereta bawah tanah karena stasitun kereta bawah tanah dekat dari rumah saya dan selalu datang tepat waktu. Jadi hari ini juga saya naik metro sampai tempat ujian.

Saya berangkat dari rumah saya jam 8 pagi karena ujian hari ini akan mulai jam 10.00. Setelah berjalan kaki 10 menit sampai stasiun Mangwon, saya naik kereta bawah tanah jalur 6. Di stasiun Hapjeong, saya transfer ke jalur 2, lalu turun di stasiun Gangnam. Dari stasiun Gangnam bisa berjalan kaki sampai tempat ujian, memakan waktu 10 menit. Dari rumah saya sampai tempat ujian memakan waktu sekitar 1 jam.

저는 주말이면 가끔 직접 운전을 하기도 하지만, 주중에는 대중교통을 이용합니다. 그중에서도 지하철 타는 것을 가장 좋아하는데, 지하철 역은 집에서 가깝고 항상 정시에 도착하기 때문입니다. 그래서 저는 오늘 시험장에도 지하철을 타고 왔습니다.

오늘 시험이 10시에 시작되기 때문에 저는 아침 8시에 집에서 출발했습니다. 망원역까지 10분 정도 걸어서 도착한 후 저는 지하철 6호선을 탔습니다. 합정역에서 2호선으로 환승하여 강남역에 내렸습니다. 강남역에서 시험장까지는 걸어갈 수 있었고, 10분 정도 걸렸습니다. 집에서 시험장까지 대략 1시간 정도 걸렸습니다.

다르게 말해 보기

- Saya benci naik bus yang penuh sesak.
  저는 만원 버스에 타는 것을 매우 싫어합니다.
- Saya suka menyetir mobil sendiri.
  저는 직접 운전하는 것을 좋아합니다.

직접 연습하기

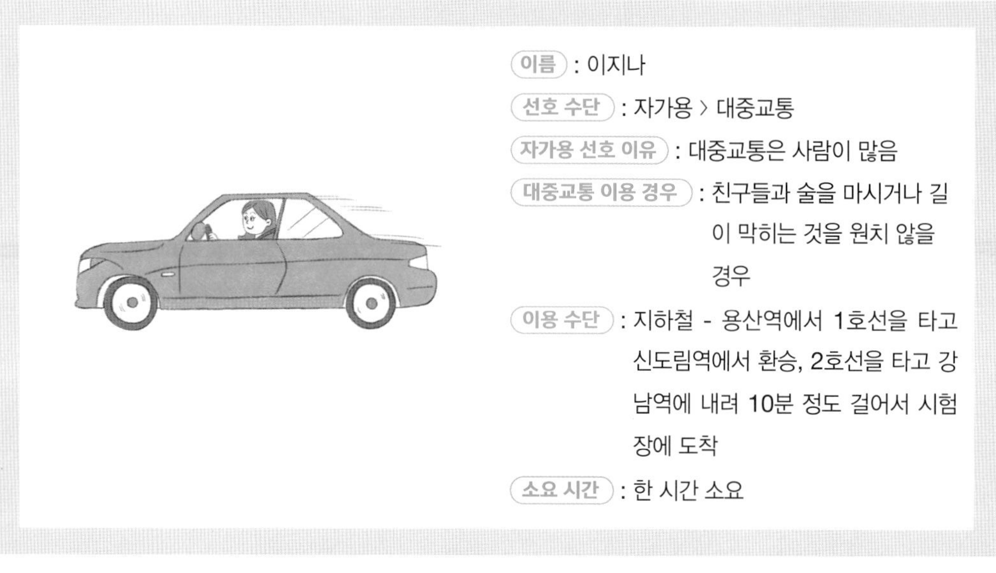

이름 : 이지나

선호 수단 : 자가용 > 대중교통

자가용 선호 이유 : 대중교통은 사람이 많음

대중교통 이용 경우 : 친구들과 술을 마시거나 길이 막히는 것을 원치 않을 경우

이용 수단 : 지하철 - 용산역에서 1호선을 타고 신도림역에서 환승, 2호선을 타고 강남역에 내려 10분 정도 걸어서 시험장에 도착

소요 시간 : 한 시간 소요

주어진 프로필을 바탕으로 질문에 대답해 보세요.

대중교통 선호도

Q : Apakah Anda suka menggunakan transportasi umum?

A : ______________________________

______________________________.

이용 수단

Q : Anda naik apa waktu datang ke tempat ujian?

A : ______________________________

______________________________.

이용 경우

Q : Kapan Anda menggunakan transportasi umum?

A : ______________________________

______________________________.

소요 시간

Q : Berapa lama dari rumah Anda sampainya?

A : ______________________________

______________________________.

연습하기 IL Target

앞의 프로필을 바탕으로 빈칸을 채워 대답을 완성해 보세요.

Saya naik kereta bawah tanah ________ datang ke sini. Naik kereta bawah tanah di stasiun Yongsan, lalu transfer di stasiun Sindorim. Saya turun di stasiun Gangnam. Kemudian saya berjalan kaki 10 menit sampai di ____________. Saya berangkat dari rumah jam 9 pagi, lalu saya sampai di tempat ujian sekitar jam 10.

Sebenarnya saya jarang menggunakan ______________ karena saya tidak suka tempat yang ramai dengan orang. Tetapi saya menggunakan transportasi umum waktu minum minuman keras dengan teman-teman atau tidak mau macet di jalan.

저는 여기에 올 (때) 지하철을 탔습니다. 용산역에서 지하철을 타고 신도림역에서 환승했습니다. 저는 강남역에서 내렸습니다. 그리고 (시험장)까지 10분을 걸었습니다. 저는 집에서 9시에 나왔고 시험장에 10시쯤 도착했습니다.

사실 저는 사람들로 붐비는 장소를 싫어해서 (대중교통)을 거의 이용하지 않습니다. 하지만 친구들과 술을 마시거나 길이 막히는 것이 싫을 때에는 대중교통을 이용합니다.

정답

waktu / tempat ujian / transportasi umum or kendaraan umum

연습하기 IM Target

앞의 프로필을 바탕으로 빈칸을 채워 대답을 완성해 보세요.

Saya naik kereta bawah tanah waktu datang ke sini. Biasanya saya menyetir sendiri, tetapi hari ini saya naik kereta bawah tanah karena saya mendengarkan bahwa di tempat ujian tidak ada ________. Jadi saya naik kereta bawah tanah di stasiun Yongsan, lalu transfer di stasiun Sindorim. Saya turun di stasiun Gangnam. Kemudian saya berjalan kaki 10 menit sampai tempat ujian. Saya __________ dari rumah jam 9 pagi, lalu saya sampai di tempat ujian sekitar jam 10.

Sebenarnya, saya _________________ transportasi umum karena saya tidak suka tempat yang ramai dengan orang. Tetapi saya menggunakan transportasi umum waktu minum dengan teman-teman atau tidak mau macet di jalan. Di Korea ____________ menyetir setelah minum alcohol.

저는 여기에 올 때 지하철을 탔습니다. 보통 저는 제가 직접 운전을 하지만 오늘은 지하철을 탔는데, 시험장에 (주차장)이 없다고 들었기 때문입니다. 그래서 저는 용산역에서 지하철을 타고 신도림 역에서 환승했습니다. 저는 강남역에서 내렸습니다. 그리고 저는 시험장까지 10분간 걸었습니다. 저는 9시에 집에서 (출발해) 시험장에 10시쯤 도착했습니다.

앞서 말한 것처럼 사실 저는 사람들로 붐비는 장소를 싫어해서 대중교통을 (거의 이용하지 않습니다). 하지만 친구들과 술을 마시거나 길이 막히는 것이 싫을 때에는 대중교통을 이용합니다. 한국에서는 음주 후에 운전하는 것이 (금지됩니다).

정답

tempat parkir / berangkat / jarang menggunakan / dilarang

실전 연습하기

나만의 실전 노트를 만들어 보세요.

대중교통 **Q :** Anda naik apa waktu datang ke tempat ujian?

A : ______________________________
______________________________.

선호도 **Q :** Apakah Anda suka menggunakan transportasi umum?

A : ______________________________
______________________________.

시험 장소 **Q :** Jam berapa Anda berangkat dari rumah? Berapa lama dari rumah Anda sampainya?

A : ______________________________
______________________________.

이용 경우 **Q :** Kapan Anda menggunakan transportasi umum?

A : ______________________________
______________________________.

위의 프로필을 바탕으로 본인의 답안을 작성해 보세요.

Bab

08

인도네시아 경험

"Apakah Anda pernah tinggal di Indonesia?"

당신은 인도네시아에 살아 본 적이 있나요?

질문 유형

- **Apakah Anda pernah tinggal di Indonesia?**

  당신은 인도네시아에 살아 본 적이 있나요?

- **Apakah Anda pernah pergi ke Indonesia?**

  당신은 인도네시아에 가 본 적이 있나요?

인도네시아 경험

"Apakah Anda pernah tinggal di Indonesia?"

당신은 인도네시아에 살아 본 적이 있나요?

들어가기

인도네시아에 거주한 경험이 있는 응시자는 특별히 신경 써서 준비해야 하는 파트입니다. 거주 기간, 거주지와 거주지 주변의 환경 묘사, 거주 이유, 가장 인상 깊었던 장소, 좋았던 점과 나빴던 점, 문화적 차이 등에 대한 세부적이고 탄탄한 준비가 필요합니다.

완벽! 가이드라인

MP3 Track 08-01

저는 업무차 2년 동안 인도네시아에서 산 적이 있습니다. 당시 저는 인도네시아 지사에서 인도네시아 사람들을 위한 한국어 온라인 프로그램을 개발하기 위해 근무했습니다.

당시 저는 회사 가까이에 있는 중앙 자카르타에서 거주했습니다. 사무실과 집은 굉장히 가까웠기 때문에 저는 그곳에 사는 것이 좋았습니다. 자카르타는 늘 차가 막힘에도 불구하고 저는 10분이면 회사에 갈 수 있었습니다.

그곳에 사는 동안, 저는 가끔 한국과는 다른 문화를 경험했습니다. 제 생각에 양국 간의 가장 다른 문화는 종교에 대한 믿음입니다. 한국 사회에는 무신론자가 있는 반면, 인도네시아 사회에서는 모두 종교를 가지고 있기 때문입니다.

Saya pernah tinggal di Indonesia untuk bekerja di sana selama 2 tahun. Waktu itu saya ditugaskan di cabang Indonesia supaya bisa mengembangkan program online bahasa Korea bagi masyarakat Indonesia.

Saat itu saya tinggal di dekat kantor saya, yaitu daerah Jakarta Pusat. Saya senang tinggal di sana karena rumah saya sangat dekat dari kantor saya. Saya bisa sampai di kantor dalam 10 menit walaupun Jakarta selalu macet.

Selama saya tinggal di sana, saya kadang-kadang merasa budaya yang berbeda dengan tanah air saya. Menurut saya budaya yang paling berbeda antara kedua negara adalah kepercayaan agama. Kalau masyarakat Korea ada yang ateis juga, tetapi masyarakat Indonesia semua beragama.

필수 어휘

MP3 Track 08-02

pernah	~해 본 적이 있다	agama	종교
budaya	문화	daging babi	돼지고기
kenang-kenangan	기념품, 추억	perasaan	감정
keinginan	바람, 소망	bertugas dinas	출장 가다
kehidupan	삶	teman asing	외국인 친구
suatu hari	언젠가	berbahasa	(언어를) 구사하다
rindu	그리워하다	mengalami	경험하다
mengikuti	따르다 / 동행하다	tempat wisata	여행지
masyarakat	사회	alam	자연
lingkungan	환경	pusat	중앙
tanah air	본국 / 조국	timur	동
sibuk	바쁘다	barat	서
udara	공기	selatan	남
panas	덥다 / 뜨겁다	utara	북
berkeringat	땀을 흘리다	luar kota	시외
berbeda	다르다	perbedaan	차이

인도네시아어 OPI

필수 패턴

01 Saya pernah tinggal di Indonesia selama beberapa tahun.
저는 몇 년간 인도네시아에 살아 본 적이 있습니다.

02 Selama saya tinggal di Indonesia, saya kadang-kadang merasa budaya yang berbeda.
제가 인도네시아에 사는 동안, 저는 가끔 문화적 차이를 느꼈습니다.

03 Menurut saya, budaya yang paling berbeda antara kedua negeri adalah A.
제 생각에는 양국 간의 가장 큰 문화적 차이는 A입니다.

인도네시아어 OPI

필수 문법

meskipun, walaupun, kendatipun : ~할지라도 / ~에도 불구하고

- **Meskipun** bangun terlambat, dia datang tepat waktu.
  늦잠을 잤**음에도**, 그는 제시간에 왔습니다.
- Saya ingin berbicara dalam bahasa Indonesia **walaupun** belum lancar berbahasa Indonesia.
  인도네시아어 구사가 유창하지 못**할지라도**, 인도네시아어로 이야기하고 싶습니다.
- Karyawan itu tetap semangat menjalankan tugas **kendatipun** sudah kemalaman.
  밤이 늦었**음에도 불구하고** 그 직원은 여전히 힘차게 업무를 보고 있습니다.

예시 미리보기

이름 : 이지나
인도네시아 거주 경험 : 있음
거주 기간 : 2년
거주 이유 : 회사 업무
거주지 : 중부 자카르타(Jakarta Pusat)
한국과 다른 점 : 종교에 대한 믿음

거주 경험

Q : Apakah Anda pernah tinggal di Indonesia?

당신은 인도네시아에 살아 본 적이 있나요?

A : Ya. Saya pernah tinggal di Indonesia.

네. 저는 인도네시아에 살아 본 적이 있습니다.

거주 기간

Q : Berapa lama Anda tinggal di sana?

당신은 얼마나 오래 거기서 살았나요?

A : Saya tinggal di sana selama 2 tahun.

저는 거기서 2년 동안 살았습니다.

거주 이유

Q : Untuk apa Anda tinggal di sana?

당신은 왜 거기서 살았나요?

A : Karena saya perlu bekerja di cabang Indonesia supaya bisa mengembangkan program online bahasa Korea untuk masyarakat Indonesia.

저는 인도네시아 사람들을 위한 한국어 온라인 프로그램을 개발하기 위해 인도네시아 지사에서 일을 해야 했기 때문입니다.

거주 지역

Q : Anda tinggal di mana di Indonesia?

당신은 인도네시아의 어디에서 살았나요?

A : Saya tinggal di dekat kantor saya, yaitu Jakarta Pusat.

저는 저희 회사 근처인 중부 자카르타에서 살았습니다.

문화 차이

Q : Apakah Anda pernah merasa budaya yang berbeda antara negara Korea dan Indonesia?

당신은 한국과 인도네시아 사이의 문화가 다름을 느껴 본 적이 있나요?

A : Ya. Menurut saya, budaya yang paling berbeda antara kedua negara adalah kepercayaan agama.

네. 제 생각에, 두 나라 간 가장 다른 문화는 종교에 대한 믿음입니다.

완벽 예시 IL Target

세부 질문별 대답을 연결하면 자연스러운 서술형 대답이 가능합니다.

MP3 Track 08-03

Saya pernah tinggal di Indonesia selama 2 tahun. Waktu itu saya ditugaskan di cabang Indonesia supaya bisa mengembangkan program online bahasa Korea untuk masyarakat Indonesia.

Saya tinggal di dekat kantor saya, yaitu Jakarta Pusat. Selama tinggal di sana, saya kadang-kadang merasa budaya yang berbeda dengan Korea. Menurut saya budaya yang paling berbeda antara kedua negara adalah kepercayaan agama.

저는 인도네시아에 2년 간 산 적이 있습니다. 그때에 저는 인도네시아 사람들을 위한 한국어 온라인 프로그램을 개발하기 위해 인도네시아 지사에서 일했습니다.

저는 저희 회사 근처인 자카르타 중심부에 살았습니다. 그곳에 사는 동안, 저는 가끔 한국과 다른 문화를 느꼈습니다. 제 생각에 양국 간의 가장 다른 문화는 종교에 대한 믿음입니다.

OPI 실전 팁

질문을 듣고 대답할 때 균일한 속도를 유지하는 것이 중요합니다. 아는 문제가 나왔을 때 빠른 속도로 대답하고, 낯선 문제가 나왔을 때 속도가 느려지게 되면 좋은 점수를 받기 어렵습니다. 적당한 속도로 균일하게 말할 수 있도록 꾸준한 훈련이 필요합니다.

완벽 예시 IM Target

제시된 내용에 적절한 접속사와 연결 어구를 활용하고, 한두 문장의 부연 설명을 추가하면 IM 수준 이상의 문장을 만들 수 있습니다.

MP3 Track 08-04

Saya pernah tinggal di Indonesia untuk bekerja di sana selama 2 tahun. Waktu itu saya ditugaskan di cabang Indonesia supaya bisa mengembangkan program online bahasa Korea untuk masyarakat Indonesia.

Saat itu saya tinggal di dekat kantor saya, yaitu daerah Jakarta Pusat. Saya senang tinggal di sana karena rumah saya sangat dekat dari kantor saya. Saya bisa sampai di kantor dalam 10 menit walaupun Jakarta selalu macet.

Selama saya tinggal di sana, saya kadang-kadang merasa budaya yang berbeda dengan tanah air saya. Menurut saya budaya yang paling berbeda antara kedua negeri adalah kepercayaan agama. Kalau masyarakat Korea ada yang ateis juga, tetapi masyarakat Indonesia semua beragama.

저는 업무차 2년 동안 인도네시아에서 산 적이 있습니다. 당시 저는 인도네시아 지사에서 인도네시아 사람들을 위한 한국어 온라인 프로그램을 개발하기 위해 근무했습니다.

당시 저는 회사 가까이인 중부 자카르타에서 거주했습니다. 사무실과 집은 굉장히 가까웠기 때문에 저는 그곳에 사는 것이 좋았습니다. 자카르타는 늘 차가 막힘에도 불구하고 10분이면 회사에 갈 수 있었습니다.

그곳에 사는 동안, 저는 가끔 한국과는 다른 문화를 경험했습니다. 제 생각에 양국 간의 가장 다른 문화는 종교에 대한 믿음입니다. 한국에는 무신론자가 있는 반면, 인도네시아에는 모두 종교를 가지고 있기 때문입니다.

다르게 말해 보기

- Saya tinggal di Indonesia selama hampir seumur hidup.
  저는 거의 평생을 인도네시아에서 살았습니다.
- Saya belum pernah keluar dari negeri Korea sampai saat ini.
  저는 한국을 벗어나 본 적이 없습니다.

직접 연습하기

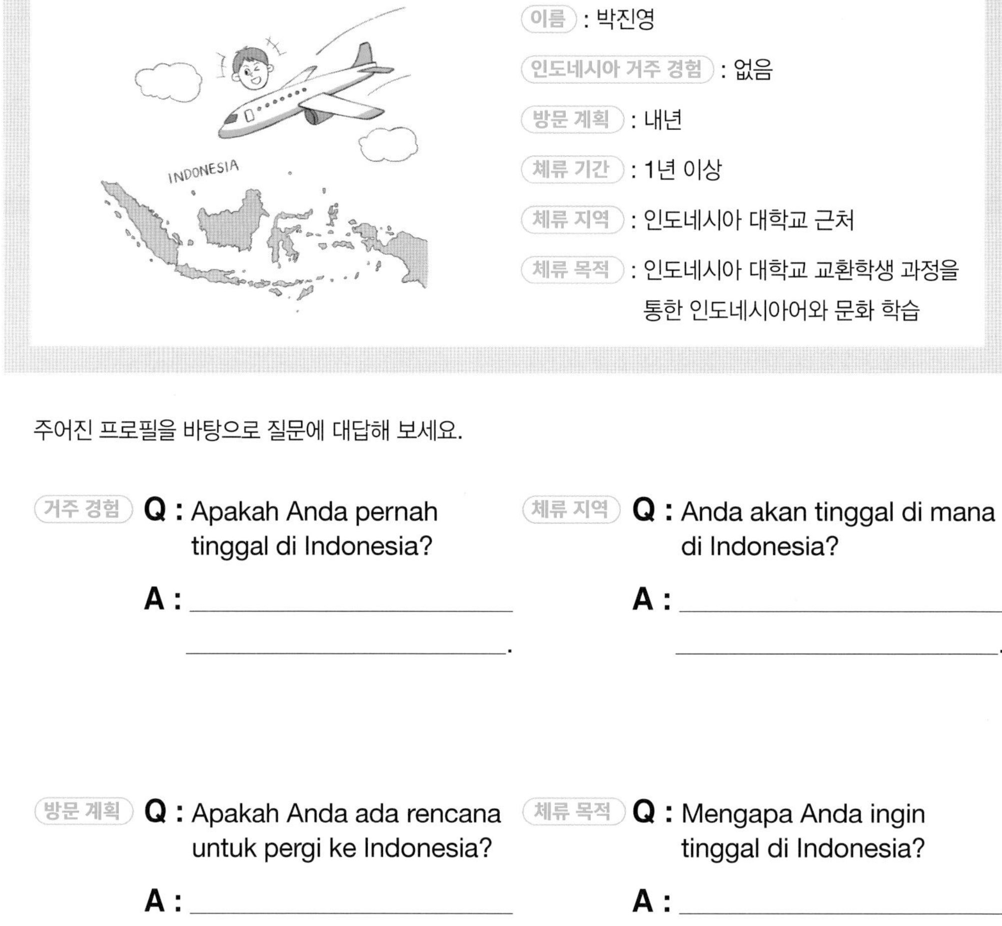

(이름) : 박진영

(인도네시아 거주 경험) : 없음

(방문 계획) : 내년

(체류 기간) : 1년 이상

(체류 지역) : 인도네시아 대학교 근처

(체류 목적) : 인도네시아 대학교 교환학생 과정을 통한 인도네시아어와 문화 학습

주어진 프로필을 바탕으로 질문에 대답해 보세요.

(거주 경험) **Q :** Apakah Anda pernah tinggal di Indonesia?

A : ______________________________
______________________________.

(체류 지역) **Q :** Anda akan tinggal di mana di Indonesia?

A : ______________________________
______________________________.

(방문 계획) **Q :** Apakah Anda ada rencana untuk pergi ke Indonesia?

A : ______________________________
______________________________.

(체류 목적) **Q :** Mengapa Anda ingin tinggal di Indonesia?

A : ______________________________
______________________________.

(체류 기간) **Q :** Berapa lama Anda akan tinggal di sana?

A : ______________________________
______________________________.

연습하기 IL Target

앞의 프로필을 바탕으로 빈칸을 채워 대답을 완성해 보세요.

Saya ______________ tinggal di Indonesia. Mungkin saya akan pergi ke Indonesia ______________. Saya akan tinggal di dekat Universitas Indonesia karena saya ingin belajar bahasa dan ____________ Indonesia selama 1 tahun di sana. Saya berencana untuk mendaftar program ______________ ke Indonesia.

저는 인도네시아에 살아 (본 적이 없습니다). 아마도 저는 (내년에) 인도네시아에 갈 것입니다. 저는 인도네시아 대학교 가까이 살려고 하는데, 그곳에서 1년간 인도네시아어와 (문화)를 배우고 싶기 때문입니다. 저는 인도네시아로 가는 (교환학생) 프로그램을 신청할 계획입니다.

정답

belum pernah / tahun depan / budaya / pertukaran mahasiswa

연습하기 IM Target

앞의 프로필을 바탕으로 빈칸을 채워 대답을 완성해 보세요.

Saya belum pernah tinggal di Indonesia. Tetapi saya akan pergi ke Indonesia tahun depan karena saya akan ______________ program pertukaran mahasiswa ke Indonesia. Saya sudah belajar bahasa Indonesia di Korea jadi saya ingin coba berbahasa Indonesia dengan teman-teman Indonesia di sana.

____________ saya akan tinggal di dekat Universitas Indonesia selama 1 tahun. Saya akan belajar bahasa dan budaya Indonesia di sana. Saya dengar budaya antara Korea dan Indonesia ______________, tetapi ada yang berbeda juga. Saya sendiri ingin ______________ segala budaya seperti itu di Indonesia.

저는 아직 인도네시아에 살아 본 적이 없습니다. 그렇지만 저는 인도네시아에 교환학생 프로그램을 (신청해서) 내년에 인도네시아에 갈 것입니다. 저는 한국에서 인도네시아어를 배웠기 때문에 그곳에서 인도네시아 친구들과 인도네시아어를 구사해 보고 싶습니다.

제 (계획은) 인도네시아 대학교 근처에 사는 것입니다. 그곳에서 인도네시아 문화와 언어를 배울 것입니다. 저는 한국과 인도네시아의 문화는 (거의 같지)만 다른 것도 있다고 들었습니다. 저는 인도네시아에서 이러한 모든 문화를 직접 (경험해 보고) 싶습니다.

정답

mendaftar / Rencana / hampir sama / mengalami

실전 연습하기

나만의 실전 노트를 만들어 보세요.

(거주 경험) **Q :** Apakah Anda pernah tinggal di Indonesia?

A : ______________________________
______________________________.

(거주 지역) **Q :** Anda tinggal di mana di Indonesia?

A : ______________________________
______________________________.

(거주 기간) **Q :** Berapa lama Anda tinggal di sana?

A : ______________________________
______________________________.

(문화 차이) **Q :** Apakah Anda pernah merasa budaya yang berbeda antara negara Korea dan Indonesia?

A : ______________________________
______________________________.

(거주 이유) **Q :** Untuk apa Anda tinggal di sana?

A : ______________________________
______________________________.

위의 프로필을 바탕으로 본인의 답안을 작성해 보세요.

Bab

09

인도네시아어 공부

"Kenapa Anda mulai belajar bahasa Indonesia?"

당신은 왜 인도네시아어 공부를 시작했나요?

질문 유형

- **Kenapa Anda mulai belajar bahasa Indonesia?**

  당신은 왜 인도네시아어 공부를 시작했습니까?

- **Mengapa Anda memilih belajar bahasa Indonesia?**

  당신은 왜 인도네시아어 공부를 선택했습니까?

Bab 09

인도네시아어 공부

"Kenapa Anda mulai belajar bahasa Indonesia?"

당신은 왜 인도네시아어 공부를 시작했나요?

들어가기

인도네시아어 학습 경험은 학습 기간, 학습 이유, 학습 방식, 선생님의 성향(묘사), 나만의 학습 방법과 같은 사실에 대해 정리한 후, 인도네시아어 학습의 쉬운 점과 어려운 점, 학습의 재미 등에 대한 생각을 중점적으로 정리해야 합니다.

완벽! 가이드라인

MP3 Track 09-01

저는 최근 2개월 간 월요일부터 금요일까지 회사에서 인도네시아어를 배우고 있습니다. 인도네시아어 학습 과정을 마친 후, 인도네시아에 다시 업무차 파견될 예정이기 때문입니다. 현재 저는 한국인 선생님 및 인도네시아인 선생님과 아침 10시부터 오후 4시까지 공부하고 있습니다. 오전에는 한국어 선생님과 문법을 배우고 오후에는 인도네시아어 선생님에게 회화, 발음 교정을 받고 있습니다.

저에게 인도네시아어는 다른 외국어보다 배우기 쉽습니다. 이유는 중국어나 태국어처럼 성조가 없고, 영어와 비슷한 점이 많기 때문입니다. 하지만 인도네시아어의 접사는 어렵게 느껴집니다. 그럼에도 불구하고 저는 계속해서 열심히 인도네시아어를 배워서 본 시험에서 좋은 성적을 얻고 싶습니다.

Saya sudah 2 bulan belajar bahasa Indonesia dari hari Senin sampai hari Jumat di kantor saya. Saya akan ditugaskan untuk bekerja di Indonesia lagi setelah selesai program belajar bahasa Indonesia. Sekarang, saya belajar dengan guru Korea dan guru Indonesia dari jam 10 pagi – jam 4 sore. Pagi hari saya belajar tata bahasa dengan guru Korea serta siang hari saya belajar berbicara dan lafal dengan guru Indonesia.

Bagi saya, bahasa Indonesia lebih mudah dipelajari daripada bahasa asing lain. Alasannya, bahasa Indonesia tidak ada intonasi seperti bahasa Tinghoa dan bahasa Thailand, apalagi ada banyak hal yang mirip dengan bahasa Inggris. Tetapi imbuhan bahasa Indonesia terasa sulit. Walaupun begitu saya tetap belajar bahasa Indonesia dengan rajin agar bisa dapat nilai yang tinggi dari ujian ini.

필수 어휘

MP3 Track 09-02

kala	시제	susah / sulit	어려운
bahasa asing	외국어	mudah	쉬운
guru	선생님 / 강사	lancar	유창한
tata bahasa	문법	mirip	닮다
berbicara	말하다 / 회화	terasa	느끼다
lafal	발음	ramah	친절한 / 친절하다
menulis	쓰다 / 쓰기	berkomunikasi	의사소통하다
membaca	읽다 / 읽기	mengerti	이해하다
skor / nilai	점수	berkunjung	방문하다
imbuhan	접사	rajin	부지런한 / 열심히하다
intonasi	성조	malas	게으른 / 귀찮아하다
alasan	이유	pintar / pandai	똑똑한 / 똑똑하다
hal	(~한) 점 / 건	mempelajari	학습하다 / 배우다
bahasa ibu	모국어	tinggi	높은
ujian / tes	시험	ditugaskan	업무를 받다 / 지시 받다
tempat les	학원	tetap	고정된 / 정해진

인도네시아어 OPI

필수 패턴

01 Saya sudah 5 bulan belajar bahasa Indonesia dari hari Senin sampai hari Jumat di kantor.

저는 회사에서 월요일부터 금요일까지 다섯 달 간 인도네시아어를 배웠습니다.

02 Bagi saya, bahasa Indonesia lebih mudah/sulit dipelajari daripada bahasa asing lain.

제게 인도네시아어는 다른 외국어보다 배우기 쉽습니다/어렵습니다.

03 Saya rajin belajar bahasa Indonesia agar bisa dapat nilai yang tinggi dari ujian ini.

본 시험에서 좋은 성적을 얻을 수 있도록 저는 열심히 인도네시아어를 공부했습니다.

인도네시아어 OPI

필수 문법

01 untuk / demi : (~하기) 위하여

목적을 나타내는 전치사입니다.

- Saya akan pergi ke Indonesia tahun depan **untuk** bekerja di sana.
  저는 내년에 인도네시아에서 일을 **하기 위해** 그곳에 갈 것입니다.
- Setiap semester saya harus belajar dengan rajin **demi** mendapat beasiswa.
  장학금을 **받기 위해** 저는 매 학기마다 열심히 공부해야만 합니다.

02 agar / supaya : ~하도록

종속접속사로 뒤에 구나 절이 올 수 있습니다.

- Rapat ini harus ditunda **agar** mereka semua bisa makan siang.
  그들이 점심 식사를 할 수 **있도록** 이 회의는 연기되어야만 합니다.
- Kita perlu tidak makan makanan yang terlalu manis **supaya** sehat.
  우리는 건강을 지킬 수 **있도록** 너무 단 음식을 먹지 않을 필요가 있습니다.

예시 미리보기

(이름) : 이지나

(학습 이유) : 사내 교육 과정을 마친 후 인도네시아로 파견 예정

(학습 기간) : 2달

(학습 시간) : 오전 10시 – 오후 4시

(학습 방법)

- 오전 : 한국인 선생님과 문법 공부
- 오후 : 원어민 선생님과 쓰기, 발음 공부

(학습의 쉬운 점과 어려운 점)

- 쉬운 점 : 성조가 없고, 영어와 비슷함
- 어려운 점 : 접사

(학습 이유) **Q :** Kenapa Anda mulai belajar bahasa Indonesia?

당신은 왜 인도네시아어 공부를 시작했나요?

A : Saya akan ditugaskan untuk bekerja di Indonesia lagi setelah selesai program belajar bahasa Indonesia.

저는 인도네시아어 학습 과정을 마친 뒤 인도네시아로 파견 근무를 할 예정입니다.

(학습 기간) **Q :** Berapa lama Anda belajar bahasa Indonesia?

당신은 얼마 동안 인도네시아어를 공부했나요?

A : Saya sudah 2 bulan belajar bahasa Indonesia dari hari Senin sampai hari Jumat di kantor saya.

저는 두 달 동안 월요일부터 금요일까지 제 사무실에서 인도네시아어를 공부했습니다.

(학습 방법) **Q :** Bagaimana Anda belajar bahasa Indonesia?

당신은 어떻게 인도네시아어를 공부하나요?

A : Saya belajar dengan guru orang Korea dan guru orang Indonesia dari jam 10 pagi – jam 4 sore.

저는 한국인 선생님과 인도네시아인 선생님과 아침 10시부터 오후 4시까지 공부를 합니다.

(난이도) **Q :** Menurut Anda, belajar bahasa Indonesia mudah atau susah?

당신 생각에, 인도네시아어 공부는 쉽나요, 어렵나요?

A : Bagi saya, bahasa Indonesia lebih mudah dipelajari daripada bahasa asing lain.

저에게 인도네시아어는 다른 외국어들보다 배우기 쉽습니다.

완벽 예시 IL Target

세부 질문별 대답을 연결하면 자연스러운 서술형 대답이 가능합니다.

MP3 Track 09-03

Saya mulai belajar bahasa Indonesia lagi karena saya akan ditugaskan untuk bekerja di Indonesia setalah selesai program belejar bahasa Indonesia. Saya sudah 2 bulan belajar bahasa Indonesia dari hari Senin sampai hari Jumat di kantor saya. Saya belajar dengan guru orang Korea dan guru orang Indonesia dari jam 10 pagi – jam 4 sore. Bagi saya, bahasa Indonesia lebih mudah dipelajari daripada bahasa asing lain. Alasannya, bahasa Indonesia tidak ada intonasi seperti bahasa Tinghoa dan bahasa Thailand, apalagi ada banyak hal yang mirip dengan bahasa Inggris.

저는 다시 인도네시아어 공부를 시작했는데, 인도네시아어 학습 과정이 끝난 후에 인도네시아에서 근무하도록 배정 받았기 때문입니다. 저는 2개월간 월요일부터 금요일까지 회사에서 인도네시아어를 배우고 있습니다. 한국인 선생님과 인도네시아인 선생님과 10시부터 4시까지 공부를 하고 있습니다. 제게 인도네시아어는 다른 외국어보다 쉽습니다. 그 이유는 태국어나 중국어처럼 성조가 없는 데다가 영어와 닮은 점이 많기 때문입니다.

OPI 실전 팁

OPI 시험장 안에서는 개인 소지품을 꺼낼 수 없고, 시험이 진행되는 동안 휴대폰을 반드시 꺼 두어야 합니다. 그러므로 공부할 내용 외의 짐은 간소화하는 것이 좋습니다.

★ ★ 완벽 예시 IM Target

제시된 내용에 적절한 접속사와 연결 어구를 활용하고, 한두 문장의 부연 설명을 추가하면 IM 수준 이상의 문장을 만들 수 있습니다.

MP3 Track 09-04

Saya sudah 2 bulan belajar bahasa Indonesia dari hari Senin sampai hari Jumat di kantor saya. Saya akan ditugaskan untuk bekerja di Indonesia lagi setalah selesai program belajar bahasa Indonesia. Sekarang, saya belajar dengan guru orang Korea dan guru orang Indonesia dari jam 10 pagi – jam 4 sore. Pagi hari saya belajar tata bahasa dengan guru orang Korea serta siang hari saya belajar berbicara dan lafal dengan guru orang Indonesia.

Bagi saya, bahasa Indonesia lebih mudah dipelajari daripada bahasa asing lain. Alasannya, bahasa Indonesia tidak ada intonasi seperti bahasa Tionghoa dan bahasa Thailand, apalagi ada banyak hal yang mirip dengan bahasa Inggris. Tetapi imbuhan bahasa Indonesia terasa sulit. Namun saya tetap belajar bahasa Indonesia dangan rajin agar bisa dapat nilai yang tinggi dari ujian ini.

저는 최근 2개월간 월요일부터 금요일까지 회사에서 인도네시아어를 배우고 있습니다. 인도네시아어 학습 과정을 마친 후, 인도네시아에 다시 업무차 파견될 예정이기 때문입니다. 현재 저는 한국인 선생님 및 인도네시아인 선생님과 아침 10시부터 오후 4시까지 공부를 하고 있습니다. 오전에는 한국인 선생님과 문법을 배우고 오후에는 인도네시아인 선생님에게 회화, 발음을 배우고 있습니다.

제게 인도네시아어는 다른 외국어보다 배우기 쉽습니다. 그 이유는 중국어나 태국어처럼 성조가 없고, 영어와 비슷한 점이 많기 때문입니다. 하지만 인도네시아어의 접사는 어렵게 느껴집니다. 그렇지만 저는 계속해서 열심히 인도네시아어를 배워서 본 시험에서 좋은 성적을 얻고 싶습니다.

☑ 다르게 말해 보기

- Saya bisa berbahasa empat bahasa asing.
  저는 네 개의 언어를 말할 수 있습니다.
- Bahasa Indonesia susah untuk belajar karena susunan kalimatnya berbeda dengan bahasa Korea.
  인도네시아어는 한국어와 어순이 달라 공부하기 어렵습니다.

직접 연습하기

이름 : 박진영

학습 이유 : 인도네시아어 전공

학습 기간 : 2년

학습 방법

- 수업에 들어가기 전 혼자 예습
- 한국인 교수님과 원어민 교수님의 수업
- 스터디에서 친구들과 복습

학습의 쉬운 점과 어려운 점

- 1학년 때는 쉬웠지만 점점 어렵게 느껴짐
- 한국어와 문법이 달라서 어렵게 느껴지고 외울 단어가 많음

주어진 프로필을 바탕으로 질문에 대답해 보세요.

학습 이유 **Q :** Kenapa Anda mulai belajar bahasa Indonesia?

A : ______________________________
______________________________.

학습 기간 **Q :** Berapa lama Anda belajar bahasa Indonesia?

A : ______________________________
______________________________.

학습 방법 **Q :** Bagaimana Anda belajar bahasa Indonesia?

A : ______________________________
______________________________.

난이도 **Q :** Menurut Anda, belajar bahasa Indonesia mudah atau susah?

A : ______________________________
______________________________.

어려운 이유 **Q :** Mengapa Anda berpikir belajar bahasa Indonesia makin susah?

A : ______________________________
______________________________.

연습하기 IL Target

앞의 프로필을 바탕으로 빈칸을 채워 대답을 완성해 보세요.

Saya belajar bahasa Indonesia karena saya __________ jurusan sastra Indonesia. Saya sudah 2 tahun belajar bahasa Indonesia. Sebelum masuk kelas __________, saya selalu belajar terlebih dahulu sendiri. Kemudian saya belajar dengan dosen dari Korea dan dosen dari Indonesia di kelas mata kuliah. Sesudah itu, saya dan teman-teman bertemu lagi untuk belajar ulang.

Waktu saya __________ saya merasa belajar bahasa Indonesia mudah. Tetapi lama-lama belajar bahasa Indonesia makin susah. Alasannya, tata bahasa Indonesia jauh berbeda dengan tata bahasa Korea dan harus menghafal banyak kosakata yang baru.

저는 인도네시아 문학을 전공으로 (선택해서) 인도네시아어를 배웁니다. 저는 2년간 인도네시아어를 배웠습니다. (전공) 수업에 들어가기 전에 저는 항상 혼자 예습을 합니다. 그리고 저는 전공 수업에서 한국인과 인도네시아 교수님과 공부를 합니다. 수업이 끝난 후에, 저는 친구들과 복습을 하기 위해 만납니다.

제가 (신입생) 때는 인도네시아어를 배우는 것이 쉽게 느껴졌습니다. 하지만 시간이 지날수록 인도네시아어를 배우는 것이 점점 어려워졌습니다. 이유는 인도네시아어 문법은 한국어 문법과 많이 다르고, 새로운 단어를 많이 외워야 하기 때문입니다.

정답

memilih / mata kuliah / mahasiswa baru

연습하기 IM Target

앞의 프로필을 바탕으로 빈칸을 채워 대답을 완성해 보세요.

Saya sudah 2 tahun belajar bahasa Indonesia karena saya memilih jurusan sastra Indonesia. Saya sangat rajin belajar ______ bisa menjadi beasiswa. Sebelum masuk kelas mata kuliah, saya selalu belajar terlebih dahulu sendiri. Kemudian saya belajar dengan dosen dari Korea dan dosen dari Indonesia di kelas mata kuliah. Sesudah itu, saya dan teman-teman bertemu lagi untuk belajar ulang. Kami saling membantu agar bisa mengerti semua hal yang sudah dipelajari di kelas.

Waktu saya mahasiswa baru saya merasa belajar bahasa Indonesia mudah. Tetapi lama-lama belajar bahasa Indonesia makin susah. ____________ tata bahasa Indonesia jauh berbeda dengan tata bahasa Korea, dan harus menghafal banyak kosakata yang baru. ____________ belajarnya makin susah, saya tetap senang belajar bahasa Indonesia sebab bisa ___________ dengan teman-teman Indonesia

저는 인도네시아 문학을 전공으로 선택해서 2년간 인도네시아어를 배웠습니다. 저는 장학금을 받기 (위해) 굉장히 열심히 공부합니다. 전공 수업에 들어가기 전에 저는 항상 혼자 예습을 합니다. 그리고 저는 전공 수업에서 한국인과 인도네시아 교수님과 공부를 합니다. 수업이 끝난 후에, 저는 친구들과 복습을 하기 위해 만납니다. 우리는 수업에서 배운 내용 전체를 이해할 수 있도록 서로 돕습니다.

제가 신입생 때는 인도네시아어를 배우는 것이 쉽게 느껴졌습니다. 하지만 시간이 지날수록 인도네시아어를 배우는 것은 어려워졌습니다. (이유는) 인도네시아어 문법은 한국어 문법과 많이 다르고, 새로운 단어를 많이 외워야만 하기 때문입니다. 공부가 점점 어려워지(더라도), 인도네시아 친구들과 (소통)을 할 수 있기 때문에 저는 인도네시아어를 공부하는 것이 여전히 즐겁습니다.

정답

supaya / Alasannya / Walaupun / berkomunikasi

실전 연습하기

나만의 실전 노트를 만들어 보세요.

(학습 이유) **Q :** Kenapa Anda mulai belajar bahasa Indonesia?

A : ______________________________

______________________________.

(난이도) **Q :** Menurut Anda, belajar bahasa Indonesia mudah atau susah?

A : ______________________________

______________________________.

(학습 기간) **Q :** Berapa lama Anda belajar bahasa Indonesia?

A : ______________________________

______________________________.

(이유) **Q :** Mengapa Anda berpikir belajar bahasa Indonesia makin susah?

A : ______________________________

______________________________.

(학습 방법) **Q :** Bagaimana Anda belajar bahasa Indonesia?

A : ______________________________

______________________________.

위의 프로필을 바탕으로 본인의 답안을 작성해 보세요.

하루 일과

"Silakan ceritakan kegiatan sehari-hari Anda untuk akhir-akhir ini."

당신의 요즘 하루 일과를 이야기해 주세요.

질문 유형

- **Silakan ceritakan kegiatan sehari-hari Anda untuk akhir-akhir ini.**

  당신의 요즘 일상을 이야기해 보세요.

- **Apa saja yang Anda lakukan pada akhir pekan?**

  당신은 주말에 뭘 하나요?

하루 일과

"Silakan ceritakan kegiatan sehari-hari Anda untuk akhir-akhir ini."

당신의 요즘 하루 일과를 이야기해 주세요.

들어가기

하루 일과 표현은 주중의 일과와 주말의 일과를 나누어서 준비하는 것이 좋습니다. 아침에 일어나서 자기 전까지의 일과를 시간대별로 세분하여 설명할 수 있습니다. 시간접속사 표현을 적절히 활용하면 고득점을 받을 수 있습니다.

완벽! 가이드라인

MP3 Track 10-01

주중에 저는 보통 6시에 일어납니다. 샤워를 하고 가족들과 아침 식사를 한 후, 7시 반에 회사로 출발합니다. 저는 동료들과 아침 회의로 일을 시작합니다. 일일 보고를 참고하여 오늘 할 일을 계획한 뒤, 메일을 확인합니다. 회사의 점심시간은 12시부터 한 시간입니다. 구내식당의 음식이 맛있어서 보통 이곳에서 식사를 합니다.

오후에는 다양한 데이터를 분석하면서 홍보 기안서를 작성합니다. 간혹 저는 외부에서 협력사와의 미팅에 참여하기도 합니다. 야근이 없으면 저는 6시에 퇴근하여 가족들과 저녁을 먹습니다. 저녁을 먹은 후에는 가족들과 근처 공원에서 산책을 하기도 하고 집에서 쉬기도 합니다. 10시가 되면 저와 남편은 아이를 먼저 재우고 잠자리에 듭니다.

Pada hari kerja saya biasa bangun jam 6 pagi. Saya berangkat kerja jam 7.30 setelah mandi dan sarapan dengan keluarga saya. Saya mulai bekerja dengan rapat pagi bersama rekan kantor saya. Berdasarkan laporan harian, saya merencanakan rencana hari itu, lalu mengecek e-mail. Jam makan siang di kantor 1 jam mulai dari jam 12. Biasanya saya makan di kantin karena masakan di sini enak.

Pada siang hari saya membuat rancangan marketing sambil menganalis berbagai data. Terkadang saya mengikuti pertemuan dengan mitra usaha di luar kantor. Saya pulang kerja jam 6 jika tidak ada lembur. Saya berjalan-jalan dengan keluarga saya atau beristrirahat di rumah setelah makan malam. Pada jam 10, saya dan suami saya menidurkan anak kami dulu, lalu kita juga tidur.

필수 어휘

MP3 Track 10-02

bangun	일어나다	menguruskan	~을 처리하다
menyikat gigi	양치하다	merencanakan	~을 계획하다
mandi	샤워하다	melaksanakan	수행하다
mencuci muka	세수하다	menyelesaikan	완결하다 / 끝내다
merapikan tempat tidur	침대를 정돈하다	mengutamakan	중요시하다 / 우선시하다
sarapan / makan pagi	아침 식사 / 아침 식사를 하다	pulang kerja	퇴근하다
berangkat kerja	출근하러 나오다	menyiapkan	~을 준비하다
masuk kerja	출근하다	lembur	야근
berapat	회의하다	rancangan	기안
mengecek e-mail	이메일을 확인하다	kegiatan sehari-hari	하루 일과
membuat laporan	보고서를 만들다	lowongan kerja	일자리
makan siang	점심 식사 / 점심 식사를 하다	mendapat kerja	취업하다
minum kopi	커피를 마시다	mencari pekerjaan	일자리를 구하다
beristirahat	휴식하다	tugas	업무 / 과제
berdasarkan	~에 기초하여	PR (pekerjaan rumah)	숙제 / 과제
mengikuti	~에 참석하다	kegiatan	활동

인 도 네 시 아 어 OPI

필수 패턴

01 Pada hari kerja saya biasa bangun jam 6 pagi.
주중에 저는 보통 아침 6시에 일어납니다.

02 Biasanya saya makan siang di A karena B.
B하기 때문에 보통 저는 A에서 점심을 먹습니다.

03 Saya pulang kerja jam 5 jika tidak ada lembur.
야근이 없으면 저는 보통 5시에 퇴근합니다.

인 도 네 시 아 어 OPI

필수 문법

01 apalagi / bahkan : 더욱이, 게다가

- Saya tidak bisa pulang karena tugasnya terlalu banyak **apalagi** disuruh untuk membuat laporan mingguan.
  저는 일이 너무 많아서 퇴근할 수 **없는 데다가** 주간 보고서를 만들라는 지시까지 받았습니다.
- Proyek ini diharapkan memenuhi kebutuhan pelanggan, **bahkan** efektif untuk penurunan biaya.
  본 프로젝트는 고객의 요청을 만족시키고, **더욱이** 비용 절감에 효과적일 것으로 기대됩니다.

02 yaitu : (그것은) 바로

- Tempat liburan yang dicintai oleh wisatawan, **yaitu** pantai, perdesaan dan pegunungan.
  관광객들에게 사랑 받는 관광지는 **바로** 해변, 농촌, 그리고 산간 지역이다.

예시 미리보기

하루 일과

시간	일과
6시	기상
~	샤워 / 가족과 아침 식사
7시 30분	회사로 출근
오전 업무	동료들과 회의 후 메일 확인
12시-13시	점심 식사 후 동료들과 수다 떨며 휴식
오후 업무	마케팅 기안서 작성, 간혹 회사 외부에서 협력사와 미팅
18시	야근 없을 경우 퇴근
저녁 일과	저녁 식사 후 휴식하거나 가족과 산책
22시	남편과 아이를 재운 후 취침

기상

Q : Biasanya Anda bangun jam berapa?

당신은 보통 몇 시에 일어납니까?

A : Pada hari kerja, saya biasa bangun jam 6 pagi.

주중에 저는 보통 아침 6시에 일어납니다.

출근

Q : Anda berangkat kerja jam berapa?

당신은 몇 시에 출근합니까?

A : Saya berangkat kerja jam 7.30 setelah mandi dan sarapan dengan keluarga saya.

저는 샤워를 하고 가족들과 아침 식사를 한 후 7시 반에 출근합니다.

업무 내용

Q : Anda melakukan apa saja selama bekerja di kantor?

당신은 회사에서 일할 때 무엇을 합니까?

A : Saya mulai bekerja dengan rapat pagi bersama rekan kantornya. Pada siang hari saya membuat rancangan marketing sambil menganalis berbagai data.

저는 동료들과 아침 회의로 일을 시작합니다. 오후에는 다양한 데이터를 분석하면서 홍보 기안서를 작성합니다.

점심 식사

Q : Anda makan siang di mana?

당신은 어디서 점심을 먹습니까?

A : Biasanya saya makan di kantin karena masakan di sana enak.

구내식당의 음식이 맛있어서 저는 보통 그곳에서 식사를 합니다.

퇴근 후

Q : Apa yang Anda lakukan setelah pulang kerja?

당신은 퇴근 후 무엇을 합니까?

A : Saya berjalan-jalan dengan keluarga saya atau beristirahat di rumah setelah makan malam.

저는 저녁 식사 후 가족과 산책을 하거나 집에서 휴식을 취합니다.

완벽 예시 IL Target

세부 질문별 대답을 연결하면 자연스러운 서술형 대답이 가능합니다.

MP3 Track 10-03

Pada hari kerja, saya biasa bangun jam 6 pagi. Saya berangkat kerja jam 7.30 setelah mandi dan sarapan dengan keluarga saya.

Saya mulai bekerja dengan rapat pagi bersama rekan kantor saya. Berdasarkan laporan harian, saya merencanakan rencana hari itu. Biasanya saya makan di kantin karena masakan di sana enak.

Pada siang hari saya membuat rancangan marketing sambil menganalis berbagai data. Terkadang saya mengikuti pertemuan dengan mitra usaha di luar kantor.

Pada jam 6 malam saya pulang kantor dan makan malam bersama dengan keluarga saya. Saya berjalan-jalan dengan keluarga saya atau beristirahat di rumah setelah makan malam.

주중에 저는 보통 6시에 일어납니다. 샤워를 하고 가족들과 아침 식사를 한 후, 7시 반에 회사로 출발합니다.

저는 동료들과 아침 회의로 일을 시작합니다. 일일 보고를 참고하여 오늘 할 일을 계획한 뒤, 메일을 확인합니다. 구내식당의 음식이 맛있어서 보통 구내식당에서 식사를 합니다.

오후에는 다양한 데이터를 분석하면서 홍보 기안서를 작성합니다. 간혹 저는 외부에서 협력사와의 미팅에 참여하기도 합니다.

저는 저녁 6시에 퇴근하여 가족들과 저녁을 먹습니다. 저녁을 먹은 후에는 가족들과 근처 공원에서 산책을 하기도 하고 집에서 쉬기도 합니다.

OPI 실전 팁

시험을 시작할 때와 시험 사이의 안내 사항은 영어로 진행됩니다. 따라서 갑작스럽게 영어가 나오더라도 당황하지 말고, 지시사항을 잘 들은 후 안내 내용을 따르면 됩니다. 안내 사항을 제대로 이해하지 못하였을 경우 인도네시아어로 들려 달라고 다음과 같이 요청할 수 있습니다. (Maaf, saya kurang mengerti bahasa Inggris. Bolehkah jelaskan sekali lagi dalam bahasa Indonesia? 죄송합니다, 영어를 잘 이해하지 못해서요. 인도네시아어로 한번 더 설명해 주실 수 있을까요?)

완벽 예시 IM Target

제시된 내용에 적절한 접속사와 연결 어구를 활용하고, 한두 문장의 부연 설명을 추가하면 IM 수준 이상의 문장을 만들 수 있습니다.

MP3 Track 10-04

Pada hari kerja saya biasa bangun jam 6 pagi. Saya berangkat kerja jam 7.30 setelah mandi dan sarapan dengan keluarga saya. Saya berangkat kerja lebih cepat sebelum ramai walaupun kantornya tidak begitu jauh dari rumah saya.

Saya mulai bekerja dengan rapat pagi bersama rekan kantor saya. Berdasarkan laporan harian, saya merencanakan rencana hari itu, lalu mengecek e-mail. Jam makan siang mulai dari jam 12. Biasanya saya makan di kantin karena masakan di sana enak.

Sesudah makan, saya mengobrol dengan teman sekantor saya. Pada siang hari saya membuat rancangan marketing sambil menganalisis berbagai data. Terkadang saya mengikuti pertemuan dengan mitra usaha di luar kantor.

Saya pulang kerja jam 6 malam jika tidak ada lembur, lalu saya makan malam dengan keluarga saya. Saya berjalan-jalan dengan keluarga saya atau beristrirahat di rumah setelah makan malam. Pada jam 10 malam, saya dan suami saya menidurkan anak kami dulu, lalu kami juga tidur.

주중에 저는 보통 6시에 일어납니다. 샤워를 하고 가족들과 아침 식사를 한 후, 7시 반에 회사로 출발합니다. 집과 회사 간의 거리가 가깝지만 저는 붐비기 전에 더 일찍 나오는 편입니다.

저는 동료들과 아침 회의로 일을 시작합니다. 일일 보고를 참고하여 오늘 할 일을 계획한 뒤, 이메일을 확인합니다. 점심 시간은 12시부터입니다. 구내식당의 음식이 맛있어서 저는 보통 그곳에서 식사를 합니다.

식사 후에 저는 동료들과 커피를 마시며 수다를 떱니다. 오후에는 다양한 데이터를 분석하면서 홍보 기안서를 작성합니다. 간혹 저는 외부에서 협력사와의 미팅에 참여하기도 합니다.

야근이 없으면 저는 저녁 6시에 퇴근하여 가족들과 저녁을 먹습니다. 저녁을 먹은 후에는 가족들과 근처 공원에서 산책을 하기도 하고 집에서 쉬기도 합니다. 밤 10시가 되면 저와 남편은 아이를 먼저 재우고 잠자리에 듭니다.

직접 연습하기

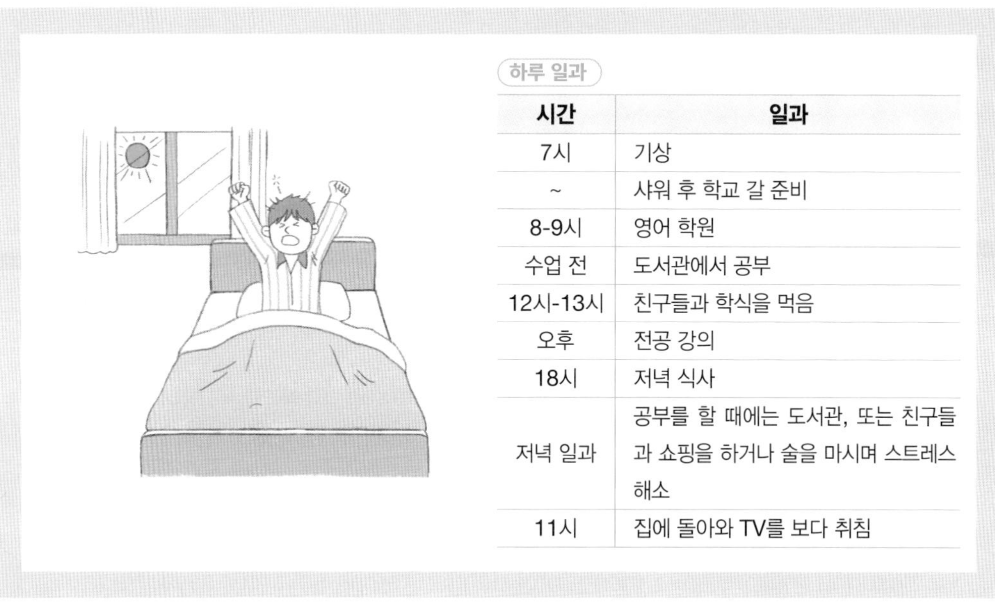

하루 일과

시간	일과
7시	기상
~	샤워 후 학교 갈 준비
8-9시	영어 학원
수업 전	도서관에서 공부
12시-13시	친구들과 학식을 먹음
오후	전공 강의
18시	저녁 식사
저녁 일과	공부를 할 때에는 도서관, 또는 친구들과 쇼핑을 하거나 술을 마시며 스트레스 해소
11시	집에 돌아와 TV를 보다 취침

주어진 프로필을 바탕으로 질문에 대답해 보세요.

기상 **Q :** Biasanya Anda bangun jam berapa?

A : ______________________________

______________________________.

점심 식사 **Q :** Anda makan siang di mana dan dengan siapa?

A : ______________________________

______________________________.

등교 **Q :** Anda berangkat ke kampus jam berapa?

A : ______________________________

______________________________.

여가 시간 **Q :** Anda menghabiskan waktu dengan siapa setelah pulang?

A : ______________________________

______________________________.

일과 내용 **Q :** Anda melakukan apa saja selama di sekolah?

A : ______________________________

______________________________.

연습하기 IL Target

앞의 프로필을 바탕으로 빈칸을 채워 대답을 완성해 보세요.

Hampir ______________ saya bangun jam 7 pagi. Sesudah mandi saya bersiap-siap untuk pergi ke sekolah. Pada jam 8 pagi, saya masuk kelas bahasa Inggris. Sesudah selesai kelas itu, saya belajar di ____________. Sekitar jam 12 siang saya makan siang di kantin dengan teman-teman saya.

Pada siang hari biasanya ada kelas mata kuliah. Setelah selesai semua kelas, kami makan malam bersama. Jika tidak ada tugas, saya kadang ________________________ tetapi jika ada PR, saya _____________ di perpustakaan. Saya biasa menonton TV sendiri sesudah pulang dari luar, lalu tidur jam 11 malam.

거의 (매일) 저는 아침 7시에 일어납니다. 샤워를 한 뒤에 학교에 갈 준비를 합니다. 아침 8시에 저는 영어 수업을 듣습니다. 수업이 끝난 후 저는 (도서관)에서 공부를 합니다. 점심 12시경에 저는 친구들과 학식을 먹습니다.

점심 때는 보통 전공 수업이 있습니다. 모든 수업이 끝난 후에 우리는 같이 저녁을 먹습니다. 만약 과제가 없으면 저는 가끔 (술을 마시기)도 하지만 숙제가 있을 때에는 도서관에서 (숙제를 합니다). 밖에서 돌아온 후에는 보통 저는 혼자 TV를 보다가 밤 11시에 잡니다.

정답

setiap hari / perpustakaan / minum minuman keras / mengerjakan PR

연습하기 IM Target

앞의 프로필을 바탕으로 빈칸을 채워 대답을 완성해 보세요.

Hampir setiap hari saya bangun jam 7 pagi. Sesudah mandi saya ______________ untuk pergi ke sekolah. Pada jam 8 pagi, saya masuk kelas bahasa Inggris untuk mengikuti ujian TOEIC bulan depan. Sesudah selesai kelas itu, saya belajar di perpustakaan. Sekitar jam 12 siang saya makan siang di kantin dengan teman-teman saya. Saya suka makan di situ karena kantin murah dan cukup ______________.

Pada siang hari biasanya ada kelas mata kuliah. Setelah selesai semua kelas, kami makan malam bersama. Jika ______________, saya kadang minum-minum keras dengan teman-teman tetapi jika ada PR, saya mengerjakan PR di perpustakaan. Kalau akhir – akhir ini saya belajar di perpustakaan karena waktu ujian TOEIC sudah ______________.

Jika tidak ada ujian atau PR yang khusus, saya menonton TV sesudah pulang dari luar, lalu tidur jam 11.

거의 매일 저는 아침 7시에 일어납니다. 샤워를 한 뒤에 학교에 갈 (준비를 합니다). 다음 달 토익 시험을 치르기 위해 아침 8시에 저는 영어 수업을 듣습니다. 수업이 끝난 후 저는 도서관에서 공부를 합니다. 낮 12시경에 저는 친구들과 학식을 먹습니다. 저는 교내 식당이 싸고 꽤 (맛있기) 때문에 이곳에서 먹는 것을 좋아합니다.

점심 때는 보통 전공 수업이 있습니다. 모든 수업이 끝난 후에 우리는 같이 저녁을 먹습니다. 만약 (과제가 없으면) 저는 가끔 술을 마시기도 하지만 숙제가 있을 때에는 도서관에서 숙제를 합니다. 최근에는 토익 시험이 (가까워졌기) 때문에 도서관에서 공부를 합니다.

만약 특별한 숙제가 없거나 시험이 없을 때에는, 밖에서 돌아온 후 저는 TV를 보다가 밤 11시에 잡니다.

정답

bersiap-siap / enak / tidak ada tugas / dekat

실전 연습하기

나만의 실전 노트를 만들어 보세요.

(기상) **Q :** Biasanya Anda bangun jam berapa?

A : ______________________________
______________________________.

(점심 식사) **Q :** Anda makan siang di mana dan dengan siapa?

A : ______________________________
______________________________.

(등교/출근) **Q :** Anda berangkat ke kampus / berangkat kerja jam berapa?

A : ______________________________
______________________________.

(여가 시간) **Q :** Anda menghabiskan waktu dengan siapa setelah pulang?

A : ______________________________
______________________________.

(일과 내용) **Q :** Anda melakukan apa saja selama di sekolah/kantor?

A : ______________________________
______________________________.

위의 프로필을 바탕으로 본인의 답안을 작성해 보세요.

Bab

11

날씨 표현

“Anda paling suka musim apa?”

당신은 무슨 계절을 가장 좋아하나요?

질문 유형

- **Anda paling suka musim apa?**

  당신은 어떤 계절을 가장 좋아하나요?

- **Musim apa yang Anda sukai?**

  어떤 계절이 당신은 가장 좋나요?

날씨 표현

"Anda paling suka musim apa?"
당신은 무슨 계절을 가장 좋아하나요?

들어가기

내가 좋아하는 날씨, 계절을 표현할 수 있어야 합니다. 더불어 우리나라 사계절의 특징과 해당 계절에 본인이 주로 하는 활동까지 함께 설명할 수 있으면 좋습니다. 인도네시아 거주 경험이 있을 경우, 한국과 인도네시아 날씨의 차이에 대해서도 설명할 수 있어야 합니다.

완벽! 가이드라인

MP3 Track 11-01

저는 한국의 사계절 중 가을을 가장 좋아합니다. 왜냐하면 가을에는 시원해서 운동을 하기에 좋습니다.

제가 좋아하는 계절인 가을 외에도 한국에는 사계절, 즉 봄, 여름, 가을, 겨울이 있습니다. 봄은 너무 덥지도 춥지 않은 대신 따뜻해서 많은 사람들이 소풍을 가기 좋은 계절입니다. 여름은 인도네시아 날씨와 거의 비슷합니다. 한국의 여름은 매우 더워서 저는 여름을 좋아하지 않습니다. 여름에는 장마도 시작돼서 날씨가 굉장히 습하고 숨막힙니다.

한국의 겨울은 굉장히 춥습니다. 현재의 한국 날씨는 겨울이어서 정말 춥습니다.

Saya paling suka musim gugur di antara 4 musim di Korea. Musim gugur bagus untuk berolahraga karena sejuk.

Selain musim gugur yang paling saya sukai, Korea memiliki 4 musim yaitu, musim bunga, musim panas, musim gugur, dan musim dingin. Musim bunga juga bagus untuk berjalan-jalan karena tidak begitu panas atau dingin tetapi hangat. Musim panas di Korea hampir mirip dengan cuaca Indonesia. Saya tidak suka musim panas karena musim panas di Korea sangat panas. Saat musim panas, musim hujan juga dimulai jadi cuacanya sangat lembap dan pengap.

Musim dingin di Korea sangat dingin. Cuaca Korea untuk saat ini dingin karena sekarang musim dingin.

필수 어휘

MP3 Track 11-02

musim semi / musim bunga	봄	kering	건조한 / 건조하다
musim panas	여름	lembap	습한 / 습하다
musim gugur	가을	pengap	숨막히는 / 숨막히다
musim dingin	겨울	cerah	맑은 / 맑다
musim hujan	우기	berjalan-jalan	산책하다
musim kemarau	건기	olahraga	운동
hujan	비	surfing	서핑
salju	눈	berenang	수영하다
panas	더운 / 덥다	naik gunung / mendaki gunung	등산하다
dingin	추운 / 춥다	bermain + (운동)	(운동)을 하다
sejuk	시원한 / 시원하다	berwarna-warni	다양한 색을 가지다
hangat	따뜻한 / 따뜻하다	daun	잎
berangin	바람이 불다	papan seluncur salju	썰매
berawan	구름이 끼다	ubi bakar	군고구마
berkabut	안개가 끼다	sibuk	바쁜 / 바쁘다
mendung	흐린 / 흐리다	cepat-cepat	급히 / 빨리빨리

인 도 네 시 아 어 OPI

필수 패턴

01 Saya paling suka musim panas di antara 4 musim di Korea.
저는 한국의 사계절 중 여름을 가장 좋아합니다.

02 Korea memiliki 4 musim yaitu, musim bunga, musim panas, musim gugur, dan musim dingin.
한국은 사계절을 가지고 있는데 바로 봄, 여름, 가을, 겨울입니다.

03 Musim panas/dingin di Korea sangat panas/dingin.
한국의 여름/겨울은 굉장히 덥습니다/춥습니다.

인 도 네 시 아 어 OPI

kecuali / selain : ~을 제외하고 / 이외에

일정한 범위나 한도 밖의 것을 말할 때, 주로 명사 앞에 쓰이는 전치사입니다.

- Saya bisa menghadiri acara itu **kecuali** hari ini.
  오늘**을 제외하고** 저는 그 행사에 참석할 수 있습니다.
- Saya sedang mencari resep rendang **selain** daging.
  저는 고기**를 제외한** 른당 레시피를 찾고 있습니다.
- **Selain** pendapat dia, semua anggota menyetujui hal itu.
  그의 의견 **외에도**, 모든 회원이 그 건에 동의했습니다.

예시 미리보기

(이름) : 이지나

(좋아하는 계절) : 가을

(이유) : 운동을 해도 너무 덥지 않고 가족들과 등산을 할 수 있음

(싫어하는 계절) : 여름

(이유) : 비가 계속해서 내리기 시작하면 습하고 숨막힘

(이외의 계절)

- 봄 : 가족들과 소풍을 가기 좋음
- 겨울 : 두꺼운 점퍼를 입고 감기 예방을 위해 마스크를 끼는 사람도 있음

(선호 계절) **Q :** Anda paling suka musim apa?

당신은 어떤 계절을 가장 좋아하나요?

A : Saya paling suka musim gugur di antara 4 musim.

저는 사계절 중 가을을 제일 좋아합니다.

(이유) **Q :** Mengapa Anda paling suka musim gugur?

당신은 왜 가을을 가장 좋아하나요?

A : Karena musim gugur sejuk jadi bagus untuk berolahraga. Selanjutnya saya bisa melihat daun-daun yang berwarna-warni sambil mendaki gunung dengan keluarga.

가을은 시원해서 운동을 하기 좋기 때문입니다. 또한, 가족들과 등산을 하며 색색으로 물든 나뭇잎을 볼 수 있습니다.

(불호 계절) **Q :** Anda tidak suka musim apa?

당신은 어떤 계절을 싫어하나요?

A : Saya tidak suka musim panas.

저는 여름을 싫어합니다.

(이유) **Q :** Mengapa Anda tidak suka musim panas?

당신은 왜 여름을 싫어하나요?

A : Karena musim panas di Korea sangat panas. Saat itu musim hujan juga dimulai jadi cuacanya sangat lembap dan pengap.

왜냐하면 한국의 여름은 너무 덥기 때문입니다. 이 시기에는 장마도 시작되어서 날씨가 매우 습하고 숨막힙니다.

(최근 날씨) **Q :** Bagaimana cuaca di Korea untuk sekarang?

현재 한국의 날씨는 어떤가요?

A : Cuaca Korea untuk saat ini dingin karena sekarang musim dingin.

현재 한국의 날씨는 겨울이라서 춥습니다.

★★ 완벽 예시 IL Target

세부 질문별 대답을 연결하면 자연스러운 서술형 대답이 가능합니다.

MP3 Track 11-03

Saya paling suka musim gugur di antara 4 musim. Musim gugur bagus untuk berolahraga karena sejuk. Selanjutnya saya bisa melihat daun-daun yang berwarna-warni sambil mendaki gunung dengan keluarga. Tetapi saya tidak suka musim panas karena musim panas di Korea sangat panas. Saat musim panas, musim hujan juga dimulai jadi cuacanya sangat lembap dan pengap. Cuaca Korea untuk saat ini dingin karena sekarang musim dingin. Kebanyakan memakai jaket yang tebal dan juga memakai masker untuk menghindari virus flu.

저는 사계절 중 가을을 가장 좋아합니다. 가을에는 시원하기 때문에 운동하기 좋습니다. 또한 가족들과 등산을 하면서 색색의 잎들을 볼 수 있습니다. 하지만 저는 여름을 좋아하지 않는데 한국의 여름은 굉장히 덥기 때문입니다. 여름에는 장마도 시작되어서 굉장히 습하고 숨막힙니다. 현재의 한국 날씨는 겨울이어서 춥습니다. 대부분이 두꺼운 점퍼를 입고 감기를 피하기 위해 마스크를 쓰는 사람도 있습니다.

OPI 실전 팁

OPI 시험 감독관은 미국에 본거지를 두고 있습니다. 따라서 시차가 발생하여 시험은 화요일부터 금요일 오전 시간대에 응시할 수 있습니다. 또한 미국의 공휴일에는 시험을 볼 수 없습니다. 따라서 비교적 시험 시간이 제한되어 있으므로 최소 3주 전에는 일정을 정하여 시험을 신청하여야 합니다.

완벽 예시 IM Target

제시된 내용에 적절한 접속사와 연결 어구를 활용하고, 한두 문장의 부연 설명을 추가하면 IM 수준 이상의 문장을 만들 수 있습니다.

MP3 Track 11-04

Saya paling suka musim gugur di antara 4 musim di Korea. Musim gugur bagus untuk berolahraga karena sejuk. Selanjutnya saya bisa melihat daun-daun yang berwarna-warni sehingga musim gugur bagus untuk mendaki gunung dengan keluarga.

Selain musim gugur yang paling saya sukai, Korea memiliki 4 musim yaitu, musim bunga, musim panas, musim gugur, dan musim dingin. Musim bunga juga bagus untuk berjalan-jalan karena tidak begitu panas atau dingin tetapi hangat. Musim panas di Korea hampir mirip dengan cuaca Indonesia. Saya tidak suka musim panas karena musim panas di Korea sangat panas. Saat musim panas, musim hujan juga dimulai jadi cuacanya sangat lembap dan pengap.

Musim dingin di Korea sangat dingin. Cuaca Korea untuk saat ini dingin karena sekarang musim dingin. Kebanyakan memakai jaket yang tebal dan juga memakai masker untuk menghindari virus flu.

저는 한국의 사계절 중 가을을 가장 좋아합니다. 왜냐하면 가을에는 시원해서 운동을 하기에 좋습니다. 또한 색색으로 물든 나뭇잎을 볼 수 있어 가을은 가족들과 등산을 하기에도 좋은 계절입니다.

제가 좋아하는 계절인 가을 외에도 한국에는 사계절, 즉 봄, 여름, 가을, 겨울이 있습니다. 봄은 너무 덥지도 춥지 않은 대신 따뜻해서 많은 사람들이 소풍을 가기 좋은 계절입니다. 여름은 인도네시아 날씨와 거의 비슷합니다. 한국의 여름은 매우 더워서 저는 여름을 좋아하지 않습니다. 여름에는 장마도 시작돼서 날씨가 굉장히 습하고 숨막힙니다.

한국의 겨울은 굉장히 춥습니다. 현재의 한국 날씨는 겨울이어서 정말 춥습니다. 대부분이 두꺼운 점퍼를 입고 감기를 피하기 위해 마스크를 쓰는 사람도 있습니다.

직접 연습하기

이름 : 박진영

좋아하는 계절 : 여름

이유 : 해양 스포츠를 즐길 수 있고 냉면을 먹을 수 있음

싫어하는 계절 : 겨울

이유 : 너무 춥고 낮이 짧음

오늘 날씨 : 흐리고 구름 낀 날씨. 비가 내릴 예정

주어진 프로필을 바탕으로 질문에 대답해 보세요.

선호 계절 **Q :** Anda paling suka musim apa?

A : ______________________________
______________________________.

이유 **Q :** Mengapa Anda suka musim panas?

A : ______________________________
______________________________.

불호 계절 **Q :** Anda tidak suka musim apa?

A : ______________________________
______________________________.

이유 **Q :** Mengapa Anda tidak suka musim dingin?

A : ______________________________
______________________________.

오늘 날씨 **Q :** Bagaimana cuaca di Korea hari ini?

A : ______________________________
______________________________.

연습하기 IL Target

앞의 프로필을 바탕으로 빈칸을 채워 대답을 완성해 보세요.

Saya paling suka musim panas. Sebab saya bisa bermain olahraga pantai atau laut serta bisa makan naeng-myeon, mi dingin. Saya tidak suka ________________. alasannya musim dingin di Korea terlalu dingin dan __________nya pendek.

Cuaca Korea untuk saat ini __________ dan __________. Katanya akan turun hujan sore ini.

저는 여름을 가장 좋아합니다. 그 이유는 해변이나 해양 스포츠를 할 수 있고 차가운 면인 냉면을 먹을 수 있기 때문입니다. 저는 (겨울)을 좋아하지 않습니다. 이유는 한국의 겨울은 너무 춥고 (낮)이 짧기 때문입니다.

한국의 현재 날씨는 (구름이 끼)고 (흐립니다). 듣기로는 오후에 비가 내릴 거라고 합니다.

정답

musim dingin / waktu siang / berawan / mendung

연습하기 IM Target

앞의 프로필을 바탕으로 빈칸을 채워 대답을 완성해 보세요.

Saya paling suka musim panas. Sebab saya bisa bermain olahraga pantai atau laut dan bisa makan naeng myeon. Naeng myeon adalah ______________ di Korea yang dibuat dari mi dan kuah dingin. Jadi, kita ______________ naeng-myeon ketika cuaca panas.

Saya tidak suka musim dingin. Alasannya musim dingin di Korea terlalu dingin dan waktu siang terlalu pendek. Saya tidak bisa melakukan banyak ________ pada siang hari karena matahari mulai tenggelam sekitar jam 5 sore.

Cuaca Korea untuk saat ini mendung dan berawan. Katanya akan turun hujan sore ini ____________ saya sudah membawa payung agar tidak kehujanan.

저는 여름을 가장 좋아합니다. 그 이유는 해변이나 해양 스포츠를 할 수 있고 차가운 면인 냉면을 먹을 수 있기 때문입니다. 냉면은 한국의 (전통 음식)으로 면과 차가운 국물로 만들어졌습니다. 그래서 더운 날씨에 우리는 냉면을 (즐길 수 있습니다).

저는 겨울을 좋아하지 않습니다. 이유는 한국의 겨울은 너무 춥고 낮이 짧기 때문입니다. 해가 오후 5시경에 지기 시작하기 때문에 낮에 많은 (일)들을 할 수 없기 때문입니다.

한국의 현재 날씨는 구름이 끼고 흐립니다. 듣기로는 오후에 비가 내릴 거라고 해서, 젖지 않기 (위해) 우산을 가져왔습니다.

정답

makanan tradisional / bisa menikmati / hal / sehingga

실전 연습하기

나만의 실전 노트를 만들어 보세요.

선호 계절 **Q :** Anda paling suka musim apa?

A : ______________________________
______________________________.

이유 **Q :** Mengapa Anda tidak suka musim dingin?

A : ______________________________
______________________________.

이유 **Q :** Mengapa Anda suka musim panas?

A : ______________________________
______________________________.

오늘 날씨 **Q :** Bagaimana cuaca di Korea hari ini?

A : ______________________________
______________________________.

불호 계절 **Q :** Anda tidak suka musim apa?

A : ______________________________
______________________________.

위의 프로필을 바탕으로 본인의 답안을 작성해 보세요.

자유롭게 연습하기

PART 2

Role Play

Bab 12

면접관과 역할 바꾸기

질문 유형

- **Mulai dari sekarang, Anda yang membuat pertanyaan kepada saya.**

  지금부터는, 당신이 저에게 질문해 보세요.

Bab 12

면접관과 역할 바꾸기

"Mulai dari sekarang, Anda yang membuat pertanyaan kepada saya."

지금부터는 반대로 당신이 저에게 질문해 보세요.

들어가기

면접관과 역할 바꾸기 파트는 IL 수준 이상을 목표로 하는 응시자의 경우 반드시 준비해야 할 파트입니다. 육하원칙 의문문, 수 의문문, 일반 의문문 등 인도네시아어 의문문의 종류를 잘 이해하고 활용할 수 있어야 질문에 자유롭게 대처할 수 있습니다.

완벽! 가이드라인

MP3 Track 12-01

"Hobi saya membaca buku. Silakan bertanya tentang hobi saya."

제 취미는 책 읽기입니다. 제 취미에 대해 질문해 보세요.

01 Kapan Anda membacanya?

당신은 언제 책을 읽나요?

02 Biasanya Anda membaca buku di mana?

당신은 보통 어디서 책을 읽나요?

03 Mengapa Anda suka membaca buku?

당신은 왜 독서를 좋아하나요?

04 Berapa sering Anda membacanya?

당신은 얼마나 자주 책을 읽나요?

05 Apakah Anda suka membaca buku komik juga?

당신은 만화책 읽는 것도 좋아하나요?

필수 어휘

MP3 Track 12-02

육하원칙

kapan	언제	siapa	누구
sejak kapan	언제부터	apa	무엇을
di mana	어디서	kenapa / mengapa	왜
ke mana	어디로	karena	왜냐하면
dari mana	어디에서(부터)	bagaimana	어떻게

수 의문문

berapa	얼마 / 몇	berapa kali	몇 번
(sudah) berapa lama	얼마나 오래	berapa sering	얼마나 자주
berapa jam	몇 시간	jam berapa	몇 시
berapa bulan	몇 달	berapa harga	(가격이) 얼마
berapa tahun	몇 년	tahun berapa	몇 년도

일반 의문문과 관련된 표현

apakah	–(입)니까?	tidak	아니다 (동사/형용사 부정)
sudah	이미	bukan	아니다 (명사 부정)
belum	아직	pernah	–(해 본) 적 있다

인도네시아어 OPI

필수 패턴

01 Mulai dari sekarang ~
지금부터~

02 Silakan membuat 5 pertanyaan tentang saya.
저에 관한 5가지 질문을 만들어 보세요.

03 Anda bertanya kepada saya tengang hobi saya.
저의 취미에 관해서 당신이 제게 질문해 보세요.

인도네시아어 OPI

필수 문법

의문사 + saja = (의문사)든지

01 apa saja : 무엇이든지 / 아무거나

- Silakan pesan **apa saja.**
  아무거나 주문하세요.

02 siapa saja : 누구든지

- **Siapa saja** bisa datang di acara hari ini.
  오늘 행사에는 **누구든지** 올 수 있습니다.

03 kapan saja : 언제든지

- Jika mobil Anda mogok, hubungi kami **kapan saja** dan di mana saja.
  차가 고장났다면 **언제든지**, 어디서든지 저희에게 연락하세요.

04 mana saja : 어디든지

- Saya bisa pergi ke **mana saja**.
  저는 **어디든지** 갈 수 있어요.

예시 미리보기

질문 유형

- Mulai dari sekarang, silakan membuat 5 pertanyaan tentang hobi saya.

지금부터, 제 취미에 대해 5가지 질문을 만들어 보세요.

문답 유형 MP3 Track 12-03

육하원칙

무엇

Q : Apa hobi Anda?

당신의 취미는 무엇인가요?

A : Hobi saya membaca buku.

제 취미는 독서입니다.

언제

Q : Kapan Anda membacanya?

당신은 언제 독서를 하나요?

A : Saya membaca buku setelah pulang kerja atau sebelum tidur.

저는 퇴근하고 나서나 자기 전에 책을 읽습니다.

어디서

Q : Biasanya Anda membaca di mana?

당신은 보통 어디에서 책을 읽나요?

A : Biasanya saya membaca di ruang keluarga atau tempat tidur.

보통 저는 거실이나 침대에서 읽습니다.

어떻게

Q : Bagaimana Anda membeli bukunya? lebih sering membeli buku di online-atau offline?

당신은 어떻게 책을 구매하나요? 온라인이나 오프라인 중 어디에서 더 자주 책을 사나요?

A : Biasanya saya membeli buku di online sebab cara memesan mudah, dan bisa membelinya di mana saja jika bisa menggunakan Internet.

저는 주문 방법이 쉽고 인터넷만 사용할 수 있으면 어디서든 책을 주문할 수 있기 때문에 보통 인터넷에서 책을 삽니다.

누구와

Q : Anda membaca buku dengan siapa?

당신은 누구와 책을 읽나요?

A : Saya selalu membaca sendiri.

저는 항상 혼자서 책을 읽습니다.

왜

Q : Mengapa Anda suka membaca?
왜 당신은 책 읽는 것을 좋아하나요?

A : Karena saya bisa mendapat informasi yang baru dan dapat melupakan pikiran lain selama membacanya.
왜냐하면 새로운 정보를 얻을 수 있고, 책을 읽는 동안 다른 생각을 잊을 수 있기 때문입니다.

수 의문문

빈도

Q : Berapa sering Anda membacanya?
당신은 얼마나 자주 책을 읽나요?

A : Saya sangat sering membaca buku. Jika ada waktu sedikit pun saya ingin membaca. Jadi saya membaca sekitar 5- 6 kali dalam seminggu.
저는 굉장히 자주 독서를 합니다. 잠시의 시간이라 하더라도 저는 책을 읽으려고 합니다. 그래서 저는 일주일에 5~6번 정도 책을 읽습니다.

시간

Q : Berapa jam Anda membaca waktu sekali baca?
한 번 독서를 할 때 몇 시간 동안 읽나요?

A : Tergantung pada situasinya. Jika membaca sebelum tidur, saya membaca sampai mengantuk. Jadi saya membaca kurang lebih 1 jam waktu itu.
상황에 따라 다릅니다. 만약 자기 전에 책을 읽는다면, 저는 졸릴 때까지 책을 읽습니다. 그래서 그때에는 대략 1시간 정도 읽습니다.

일반 의문문

의문문

Q : Apakah Anda suka membaca buku komik juga?
당신은 만화책을 읽는 것도 좋아하나요?

A : Tentu saja. Waktu saya merasakan stres, saya ingin membaca buku komik yang ceritanya lucu. Dengan itu saya bisa menghilangkan stres.
당연하지요. 저는 스트레스를 느낄 때 재미있는 내용의 만화책을 읽으려 합니다. 그렇게 저는 스트레스를 해소할 수 있습니다.

직접 연습하기

질문 유형

- Saya memiliki 2 orang anak. Silakan bertanya tentang anak saya.

저는 2명의 아이가 있습니다. 제 아이에 대해 질문해 보세요.

문답 유형

아래 대답을 바탕으로 빈칸을 채워 질문을 완성해 보세요.

육하원칙

누구

Q : ___1___ nama anak-anak Anda?

당신의 아이들의 이름은 무엇인가요?

A : Nama anak pertama saya Abil, nama anak kedua saya Lusi.

제 첫째 아이의 이름은 Abil이고, 둘째 아이의 이름은 Lusi입니다.

무엇

Q : Anak Anda suka makan ___2___?

당신의 아이는 무엇을 먹는 것을 좋아하나요?

A : Anak saya suka makan makanan manis.

제 아이는 단것을 먹는 것을 좋아합니다.

언제

Q : ___3___ Anda menghabiskan waktu dengan anak Anda?

언제 당신은 아이와 시간을 보내나요?

A : Saya selalu menghabiskan waktu dengan anak saya setelah pulang kerja.

저는 퇴근 후에 항상 아이와 시간을 보냅니다.

어디서

Q : Anda bermain dengan anak Anda ___4___?

당신은 어디서 아이와 노나요?

A : Biasanya saya bermain dengan anak saya di luar. Di dekat rumah saya ada taman yang besar.

저는 보통 밖에서 아이와 놉니다. 저희 집 근처에 큰 공원이 있습니다.

왜

Q : __5__ Anda bermain dengan anak Anda di luar?

왜 당신은 밖에서 아이와 노나요?

A : Karena anak-anak saya masih kecil, saya berpikir lebih baik bermain di luar daripada belajar di dalam.

왜냐하면 저의 아이들은 아직 어리기 때문에, 안에서 공부를 하는 것보다 밖에서 노는 것이 더 좋다고 저는 생각합니다.

어떻게

Q : __6__ sifat anak pertama Anda?

당신의 첫째 아이의 성격은 어떤가요?

A : Anak pertama saya bersifat seperti suami saya. Dia kelihatannya pendiam, tetapi rajin belajar sesuatu.

저의 첫째 아이는 남편과 같은 성격을 가지고 있습니다. 아이는 조용해 보이지만 어떤 것을 공부하는데 열심입니다.

수 의문문

수

Q : __7__ umur anak-anak Anda?

당신의 아이들의 나이는 몇 살인가요?

A : Anak pertama saya 9 tahun, anak kedua saya 6 tahun.

첫째 아이는 9살이고, 둘째 아이는 6살입니다.

시간

Q : Biasanya mereka tidur __8__?

보통 그들은 몇 시에 자나요?

A : Biasanya mereka tidur jam 10 malam.

보통 그들은 저녁 10시에 잡니다.

일반 의문문

의문문

Q : __9__ anak-anak Anda suka bermain bersama?

당신의 아이들은 함께 노는 것을 좋아하나요?

A : Ya, mer eka sering bermain bersama karena umur mereka hanya beda 3 tahun.

네, 그들은 나이 차이가 3살밖에 나지 않아서 종종 같이 놉니다.

정답

1. Siapa 2. apa 3. Kapan 4. di mana 5. Kenapa / Mengapa 6. Bagaimana 7. Berapa 8. jam berapa 9. Apakah

실전 연습하기

대답을 바탕으로 알맞은 질문을 만들어 보세요.

"Saya sudah 5 thaun tinggal di Jakarta, Indonesia. Silakan bertanya tentang itu."

문답 유형

아래 대답을 바탕으로 빈칸을 채워 질문을 완성해 보세요.

육하원칙

언제 **Q :** ______________________________

A : Saya mulai tinggal di sini setelah menikah.

어디서 **Q :** ______________________________

A : Seblum saya tinggal di sini, saya tinggal di Bandung.

무엇 **Q :** ______________________________

A : Saya bisa melakukan banyak hal di sini karena Jakarta adalah ibu kota Indonesia.

어떻게 **Q :** ______________________________

A : Cuaca di Jakarta selalu panas. Jakarta sedang musim kemarau, jadi sangat panas dan kering.

수 의문문

빈도 **Q :** ______________________________

A : Saya kadang-kadang ke luar kota dengan suami saya.

일반 의문문

의문문 **Q :** ______________________________

A : Tidak, kami tidak akan pindah ke kota lain karena kami senang tinggal di Jakarta.

Bab 13

예약하기

1. 식당 예약하기

2. 호텔 예약하기

3. 병원 예약하기

Bab 13-1 식당 예약하기

들어가기

현지에 체류 경험이 있는 응시자들은 특히 주의하여야 합니다. 격식체에 유의하면서 학습하고 식당과 관련한 추가 표현을 학습해 봅시다. 식당 예약 시에는 인원, 시간, 특이사항(창가 자리, 금연석 요청 등), 예약자 정보 등의 내용이 포함됩니다.

완벽! 가이드라인

MP3 Track 13-01-01

01 Saya ingin memesan tempat duduk untuk 5 orang.
5명을 위한 자리를 예약하고 싶어요.

02 Saya ingin membuat reservasi untuk makan malam besok.
내일 저녁 식사를 위한 예약을 하고 싶어요.

03 Tolong sediakan tempat duduk di kamar tertutup dan bebas rokok.
룸으로 주시고 금연석 자리로 주세요.

04 Atas namanya Linda dan nomor telepon saya 0818 1234 4567.
예약자 명은 Linda이고 제 연락처는 0818 1234 4567입니다.

05 Terima kasih atas bantuannya.
도움 주셔서 감사합니다.

필수 어휘

MP3 Track 13-01-02

restoran	식당	kursi makan bayi	유아석
rumah makan	식당	bebas rokok	금연
warung	노점 식당	ruang tertutup	(식당 내부의) 룸
dilarang rokok	금연	porsi	인분
jam makan siang	점심시간	gelas	잔 / 컵
permisi	실례합니다	piring	접시
di dekat jendela	창가 가까이	mangkuk	그릇
air putih	물	nomor telepon	연락처
menu	메뉴	enak	맛있는
populer	인기 있는	pedas	매운
rekomendasi	추천	asin	짠
paket	패키지	asam	신
mbak	[(젊은) 여성을 부를 때] ~씨	mas	[(젊은) 남성을 부를 때] ~씨
bon	계산서	uang kembalian	잔돈
membayar	지불하다	tanda tangan	서명
kartu kredit	신용카드	promosi	프로모션
uang (tunai)	현금	mempromosikan	선전하다

인 도 네 시 아 어 OPI

필수 패턴

주문하기

01 Saya ingin memesan ini.
저는 이것을 주문하고 싶어요.

02 Masakan apa yang paling populer di sini?
여기서 가장 유명한 요리는 무엇인가요?

03 Saya tidak bisa makan masakan yang pedas. Apakah ini pedas?
저는 매운 요리를 못 먹어요. 이건 매운가요?

04 Minta 2 piring nasi goreng dan 2 gelas air putih.
나시고랭 2접시와 물 2잔 주세요.

계산하기

01 Permisi, kami ingin minta bon.
실례합니다, 계산서 주세요.

02 Kami ingin membayar masing-masing. Untuk satu orang berapa?
각자 계산을 하고 싶어요. 한 명에 얼마인가요?

03 Apakah ada diskon jika membayar dengan kartu ABC?
ABC 카드로 계산을 하면 할인이 있나요?

04 Harus tanda tangan di mana?
어디에 서명을 해야 할까요?

인 도 네 시 아 어 OPI

필수 문법

수량사의 위치 : 개수 + 수량사 + 명사의 순서
미고랭 2 그릇 = 2 porsi mi goreng

Saya ingin memesan segelas air putih dan sepiring nasi goreng.
저는 물 한 잔과 나시고랭 한 접시를 주문할게요.

예시 미리보기

MP3 Track 13-01-03

A : Terima kasih sudah menelepon, dengan Restoran Siwon. Ada yang bisa saya bantu?

전화주셔서 감사합니다, 시원 레스토랑입니다. 무엇을 도와드릴까요?

B : Selamat pagi, saya ingin memesan tempat duduk untuk 5 orang.

안녕하세요, 5명을 위한 자리를 예약하고 싶어요.

A : Baik, untuk tanggal berapa?

좋습니다, 며칠이에요?

B : Untuk besok jam 12 siang. Tolong sediakan tempat duduk di ruang tertutup dan bebas rokok. Apakah bisa?

내일 점심 12시예요. 룸으로 주시고 금연석 자리로 준비해 주세요. 가능한가요?

A : Sebentar, bu. Akan kami cek dulu…. Mohon maaf. Kalau ruang tertutup sudah direservasi semua.

잠시만요, 선생님. 먼저 확인해 보겠습니다. 죄송합니다. 룸은 이미 전체 예약이 되어 있습니다.

B : Oh, okai. Kalau begitu tempat yang bebas rokok tetap bisa, ya?

아, 네. 그럼 금연석은 여전히 가능한 거죠?

A : Tentu, atas namanya siapa?

당연하죠, 예약자 명이 어떻게 되시나요?

B : Atas namanya Jina J-I-N-A, dan nomor HP saya 0813 1234 5678.

예약자 명은 Jina J-I-N-A이고, 제 연락처는 0813 1234 5678입니다.

A : Baik, saya ulangi. Reservasi untuk jam 12 besok dengan 5 orang, tempat duduknya bebas rokok.

좋습니다, 제가 확인해 볼게요. 내일 12시에 5명 예약이시고, 자리는 금연석입니다.

B : Benar. Terima kasih atas bantuannya.

맞아요, 도움 주셔서 감사해요.

A : Sama-sama.

저도요.

직접 연습하기

빈칸을 채워 대화문을 완성해 보세요.

A : Halo, dengan Restoran Siwon.
여보세요, 시원 레스토랑입니다.

B : Halo, selamat pagi. Saya ingin memesan ___1___ untuk besok siang untuk 4 orang.
여보세요, 안녕하세요. 내일 점심에 4명을 위한 자리를 예약하고 싶어요.

A : Baik, untuk jam berapa?
네, 몇 시에요?

B : Untuk jam ___2___. ___3___ tempat duduk di dekat jendela.
낮 한 시요. 창가 자리로 준비해 주세요.

A : Baik, ___4___ siapa?
네, 예약자 명이 어떻게 되나요?

B : Atas namanya Jin Yeong, J-I-N-Y-E-O-N-G.
예약자 명은 진영, J-I-N-Y-E-O-N-G예요.

A : Bapak Jin Yeong. Ada nomor telepon yang bisa kami hubungi?
진영 선생님, 저희가 연락할 수 있는 연락처가 있나요?

B : ___5___ 0813 1234 5678.
제 휴대폰 번호는 0813 1234 5678이에요.

A : Baik, saya ulangi. Bapak membuat reservasi untuk besok jam 1 siang dengan 4 orang. Dan bapak ingin tempat duduk di ___6___. Benar, pak?
네, 제가 확인해 볼게요. 선생님께서는 내일 점심 1시 네 명 예약하셨어요. 그리고 창가 자리를 원하셨습니다. 맞나요, 선생님?

B : Ya, benar. Terima kasih ___7___.
네, 맞습니다. 도와주셔서 감사해요.

정답

1. tempat duduk 2. 1 siang 3. Tolong sediakan 4. atas namanya 5. Nomor HP saya 6. dekat jendela 7. atas bantuannya

실전 연습하기

STEP 01 먼저 문장을 보지 않은 채 질문을 듣고 해석해 보세요.

STEP 02 몇 번 반복한 후, 이번엔 문장을 보며 잘 안 들렸던 부분을 체크해 보세요.

STEP 03 충분히 연습이 되었다면 들은 질문에 바로 대답하는 연습을 해 보세요.

A : Selamat siang, ini restoran Pulau Bali. Ada yang bisa saya bantu?
안녕하세요, 발리섬 레스토랑입니다. 무엇을 도와드릴까요?

B : ______________________________

A : Baik, untuk berapa orang?
좋습니다, 몇 명이신가요?

B : ______________________________

A : Baik. Jadi besok malam jam 7 untuk 3 orang. Ada yang bisa saya bantu lagi?
네. 그러면 내일 저녁 7시에 3명이지요. 또 도와드릴 것이 있을까요?

B : ______________________________

A : Tentu saja. Kami akan sediakan tempat duduk di dekat jendela dan kursi makan bayi juga. Atas namanya siapa?
물론입니다. 창가 가까이 자리와 아기 의자를 준비하겠습니다. 예약자 명이 어떻게 되나요?

B : ______________________________

A : Ada nomor telepon yang bisa kami hubungi?
연락 가능한 연락처가 있을까요?

B : ______________________________

A : Terima kasih. Sampai jumpa besok.
감사합니다. 내일 뵙겠습니다.

B : ______________________________

Bab

13-2 호텔 예약하기

들어가기

호텔 예약 시에는 숙박 일정, 방 타입, 조식 포함 여부, 예약자 정보 등이 필요합니다. 호텔 예약은 식당 예약보다 절차가 복잡하고 물어보는 내용이 많으므로 면접관의 질문에 집중하여 들어야 잘 대답할 수 있습니다.

완벽! 가이드라인

MP3 Track 13-02-01

01 Saya ingin memesan sebuah kamar untuk akhir pekan depan.
다음 주말에 방을 예약하고 싶어요.

02 Apakah masih ada kamar kosong?
아직 빈 방이 있나요?

03 Saya akan menginap di sana selama 3 hari.
저는 그곳에서 3일간 머물 거예요.

04 Apakah sarapan sudah termasuk dalam harga itu?
그 가격에 조식이 포함되었나요?

05 Ini Jina di kamar 1002. Saya ingin memesan makanan.
저는 1002호 룸의 지나입니다. 음식을 주문하고 싶어요.

06 Saya ingin membayar dengan kartu kredit.
신용카드로 계산하고 싶어요.

필수 어휘

MP3 Track 13-02-02

kamar kosong	빈 방	akhir pekan / akhir minggu	주말
tarif	요금	tempat tidur ganda	더블베드
jenis kartu	카드 종류	sarapan	조식
termasuk	포함되다	pemandangn	경치
lautan	해변	pajak	세금
per malam	1박마다	ejaan	스펠링 / 철자
informasi	정보	menyelesaikan	완료하다
menginformasikan	정보를 제공하다 / 알려주다	nomor kamar	방 번호
tersedia	준비된	mengirimkan	~을 보내다
layanan kamar	룸서비스	mengantarkan	~을 데려다주다
makanan	음식	menyukai	~을 좋아하다
minuman	음료	puas	흡족한 / 만족한
cuci mulut	디저트	memuaskan	만족스럽다 / 만족시키다
sekalian	한번에 / 동시에	menandatangani	~에 서명하다
cek out	체크아웃	tagihan	청구서
biaya tambahan	추가 요금	pelayanan	서비스
kunci kamar	룸 열쇠	kuitansi	영수증

인도네시아어 OPI

필수 패턴

주문하기

01 Menu apa yang paling disukai sebagai sarapan?
조식으로 어떤 메뉴가 가장 사랑 받나요?

02 Tolong antarkan jam 8 pagi.
아침 여덟 시에 가져다 주세요.

03 Bayarnya nanti sekalian cek out.
지불은 나중에 체크아웃과 함께 하겠습니다.

계산하기

01 Permisi, saya ingin cek out sekarang. Ini kunci kamarnya.
실례합니다, 저 지금 체크아웃을 하려고요. 여기 룸 열쇠입니다.

02 Apakah ada biaya tambahan selama saya berada di sini?
제가 여기 있는 동안 추가 비용이 있나요?

03 Pelayanan di sini sangat memuaskan hati saya.
이곳의 서비스는 제 마음에 꼭 들었어요.

인도네시아어 OPI

필수 문법

숙박일의 표현 : 한국어로 '2박 3일'을 인도네시아어로는 '3일 2박'의 형태로 표현합니다.

2박 3일 = 3 hari 2 malam

Kami ingin menginap di sana **4 hari 3 malam**.

우리는 그곳에서 **3박 4일** 숙박하려고 합니다.

예시 미리보기

MP3 Track 13-02-03

A : Terima kasih untuk menelepon Hotel Siwon. Di sini Intan yang menerima.

시원 호텔에 전화해 주셔서 감사합니다. 여기는 전화를 받은 Intan입니다.

B : Halo, saya ingin memesan sebuah kamar dari tanggal 15 sampai tanggal 17 bulan ini. Apakah masih ada kamar kosong?

여보세요? 이번 달 15일부터 17일까지 객실을 하나 예약하려고 합니다. 아직 빈 방이 있을까요?

A : Ya, kami memiliki beberapa kamar yang tersedia untuk tanggal tersebut. Kamar tipe apa yang Anda inginkan?

네, 해당 일정에 준비된 몇 개의 객실이 있습니다. 어떤 타입의 객실을 원하시나요?

B : Saya ingin kamar bisnis yang pemandangan lautan. Tarifnya berapa?

바다 뷰의 비즈니스 룸으로 주세요. 요금은 얼마인가요?

A : 200.000 rupiah per malam termasuk pajak.

세금 포함하여 1박에 200,000루피아입니다.

B : Apakah harga itu sudah termasuk sarapan?

그 가격에 조식이 포함되나요?

A : Belum. Jika ditambah sarapan, ongkosnya 220.000 rupiah per malam.

아니요. 조식이 추가되면, 가격은 하룻밤에 220,000루피아입니다.

B : Baik, saya mau mengambil kamar yang termasuk biaya sarapan.

네, 조식 요금이 포함된 방으로 할게요.

A : Baiklah, bolehkah saya tahu nama dan nomor kontak Anda?

좋습니다. 당신의 이름과 연락처를 제가 알아도 될까요?

B : Tentu saja. Nama saya Indra. Ejaannya I-N-D-R-A. Nomor kontak saya 0812 987 6543.

물론이에요. 제 이름은 Indra예요. 철자는 I-N-D-R-A입니다. 제 연락처는 0812 987 6543입니다.

A : Terima kasih atas informasinya. Kamar Anda sudah direservasi.

정보에 감사드립니다. 객실 예약이 완료되었습니다.

B : Baik. Terima kasih.

네. 감사합니다.

직접 연습하기

빈칸을 채워 대화문을 완성해 보세요.

A : Terima kasih untuk menelepon Hotel Siwon. Di sini Intan yang menerima.
시원 호텔에 전화해 주셔서 감사합니다. 여기는 전화를 받은 Intan입니다.

B : Halo, saya ingin memesan ___1___ 3 hari 2 malam mulai dari besok apakah ___2___ ada kamar kosong?
여보세요? 내일부터 2박 3일간 객실을 하나 예약하려고 합니다. 아직 빈 방이 있을까요?

A : Iya, Kami memiliki beberapa kamar yang tersedia untuk tanggal tersebut. Kamar ___3___ yang Anda inginkan?
네, 해당 일정에 준비된 몇 개의 객실이 있습니다. 어떤 타입의 객실을 원하시나요?

B : Saya ingin kamar standar yang ___4___. Tarifnya berapa?
바다 뷰의 스탠다드 룸으로 주세요. 요금은 얼마인가요?

A : 150.000 rupiah per malam termasuk pajak.
세금 포함하여 1박에 150,000루피아입니다.

B : Apakah harga itu sudah ___5___ sarapan?
그 가격에 조식이 포함되었나요?

A : Sudah. Anda bisa sarapan dari jam 7 sampai jam 10.
포함되었습니다. 조식은 7시부터 10시까지 가능합니다.

B : Baik, saya bisa sarapan di mana?
네, 어디서 조식을 먹을 수 있나요?

A : Di sebelah kanan lobi ada restoran. Anda bisa sarapan di sana. Boleh saya tahu identitas Anda untuk menyelesaikan pesan Anda?
로비 오른쪽 옆에 식당이 있습니다. 그곳에서 식사를 하실 수 있어요. 예약 확정을 위해서 당신의 개인 정보를 알 수 있을까요?

B : Nama saya Jina. ___6___ J-I-N-A. Nomor HP saya 0811 987 6543.
제 이름은 지나예요. 철자는 J-I-N-A구요, 연락처는 0811 987 6543입니다.

A : ___7___ atas informasinya. Kamar Anda sudah direservasi.
정보에 감사드립니다. 객실 예약이 완료되었습니다.

B : Baik. Terima kasih.
네. 감사합니다.

정답

1. sebuah kamar 2. masih 3. tipe apa 4. pemandangan lautan 5. termasuk 6. Ejaannya 7. Terima kasih

실전 연습하기

STEP 01 먼저 문장을 보지 않은 채 질문을 듣고 해석해 보세요.

STEP 02 몇 번 반복한 후, 이번엔 문장을 보며 잘 안 들렸던 부분을 체크해 보세요.

STEP 03 충분히 연습이 되었다면 들은 질문에 바로 대답하는 연습을 해 보세요.

A : Halo, selamat siang, Ini Nabil di Hotel Bagus. Apa yang bisa saya bantu?

여보세요, 안녕하세요. 저는 호텔 바구스의 나빌입니다. 무엇을 도와드릴까요?

B : ______________________________

A : Baik, untuk berapa hari?

좋습니다. 며칠 간요?

B : ______________________________

A : Selama 3 hari, Anda ingin memesan tipe kamar apa?

3일간 어떤 방 타입을 예약하길 원하시나요?

B : ______________________________

A : Mohon maaf, kamar standar sudah dipesan semua tetapi kamar deluxe masih bisa.

죄송합니다, 스탠다드 룸은 모두 예약되었습니다만 디럭스 룸은 아직 가능합니다.

B : ______________________________

A : Baik, kamar deluxe Rp400.000 per malam dan sudah termasuk pajak dan biaya sarapan.

네, 디럭스 룸은 하루에 400,000루피아이고, 세금과 조식 비용이 포함되었습니다.

B : ______________________________

A : Boleh saya tahu nama Anda dan nomor kontak Anda?

당신의 이름과 연락처를 제가 알 수 있을까요?

B : ______________________________

A : Baiklah, reservasi Anda sudah dibuat. Terima kasih.

좋습니다. 예약이 완료되었습니다. 감사합니다.

B : ______________________________

Bab

13-3 병원 예약하기

들어가기

병원 예약 시에는 본인이 언제부터 어디가 어떻게 아팠는지 먼저 설명하고, 의사를 지목하여 예약을 합니다. 특정 날짜를 지목한 뒤에 몇 시에 예약이 가능한지를 묻는 등 정보를 주고받으면서 예약을 마무리합니다.

완벽! 가이드라인

MP3 Track 13-03-01

01 Saya ingin membuat janji dengan dokter gigi.

치과 선생님과 진료 예약을 잡고 싶어요.

02 Besok saya ingin bertemu dengan dokter Salim.

저는 내일 Salim 선생님을 뵙고 싶어요.

03 Saya bisa bertemu dengan dokter Salim besok jam berapa?

내일 몇 시에 Salim 선생님과 만날 수 있을까요?

04 Saya sakit gigi sejak semalam.

저는 어젯밤부터 이가 아파요.

05 Saya pilek, demam, dan tenggorokan saya sakit sejak 2-3 hari yang lalu.

2~3일 전부터 기관지가 아프고 열이 나고 코감기가 있어요.

필수 어휘

MP3 Track 13-03-02

dokter	의사	bertemu dengan	~와 만나다
pertemuan	만남	menemui	~와 만나다
dokter gigi	치과의사	jadwal	일정
demam	열	menjadwalkan	일정을 정하다
pilek	코감기	resep (obat)	처방전
batuk	기침	pasien	환자
masuk angin	몸살 나다	tertular	전염되다
perawatan	진찰	mengatur	정리하다 / 돌보다
gejala	증상	penyakit	질병
lelah	피곤한 / 피곤하다	diare	설사
pusing	어지럽다	memeriksa	진찰하다
sakit kepala	두통	demam berdarah	댕기열
sakit perut	복통	tidak enak badan	몸이 좋지 않다
sakit gigi	치통	virus	바이러스
apotek	약국	infus	링거
obat	약	suntik	주사
pil	알약	disuntik	주사를 맞다

인도네시아어 OPI

필수 패턴

증상

01 Anda sakit apa?
어디가 아프세요?

02 Perut saya sakit, dan badan saya panas.
배가 아프고, 열이 나요.

03 Saya sakit gigi sejak 1 minggu lalu.
저는 1주일 전부터 치통이 있어요.

처방

01 Hari ini Anda perlu disuntik.
오늘 주사를 맞으셔야 해요.

02 Saya ingin minta obat dalam resep ini.
해당 처방전으로 약 처방 부탁드려요.

03 Minumlah obat ini 30 menit sesudah makan.
식사 후 30분에 이 약을 드세요.

인도네시아어 OPI

필수 문법

sejak과 dari의 쓰임

- sejak : ~ 이래로 (해당 시점부터 현재까지 이어지는 개념)
- dari : ~ 로부터 / 에서

01 Saya sakit kepala **sejak** semalam.
저는 어제**부터** 두통이 있어요.

02 Pesta itu mulai **dari** besok.
그 축제는 내일**부터** 시작합니다.

예시 미리보기

MP3 Track 13-03-03

A : Halo. Selamat pagi, Bu. Ini dengan rumah sakit gigi Siwon. Ada yang bisa saya bantu?

여보세요. 안녕하세요. 여기는 시원 치과입니다. 무엇을 도와드릴까요?

B : Selamat pagi, saya ingin bertemu dengan dokter gigi Yusuf. Apakah bisa membuat janji dengan beliau?

안녕하세요. Yusuf 치과 선생님을 뵙고 싶어요. 그분과 일정을 잡을 수 있을까요?

A : Boleh, kapan ibu ingin datang ke sini?

가능합니다, 언제 이곳에 오려고 하시나요?

B : Jadwal dokter Yusuf bagaimana? Apakah bisa sore hari besok?

Yusuf 의사 선생님의 일정이 어떻게 되시나요? 내일 오후도 가능한가요?

A : Untuk beosk beliau tidak ada jadwal perawatan. Anda dapat bertemu lusa hari.

내일 그분은 진료 일정이 없으십니다. 모레 만나실 수 있어요.

B : Ya. Saya bisa lusa hari juga. Jam 10 pagi bisa?

네. 저는 모레도 가능해요. 오전 10시에 가능한가요?

A : Bisa, Ibu. Ibu sedang sakit apa?

가능하십니다, 선생님. 현재 어디가 아프신가요?

B : Sejak 2-3 hari lalu, saya mulai sakit gigi. Kalau semalam saya susah tidur karena terlalu sakit.

2~3일 전부터 치통이 시작되었습니다. 어젯밤에는 너무 아파서 자기가 힘들었어요.

A : Baik, Bu. Boleh sebutkan nama Anda dan nomor kontak Anda?

알겠습니다, 선생님. 선생님의 이름과 연락처를 알려주실 수 있을까요?

B : Tentu, nama saya Jina dan nomor HP saya 0812-9875-6589.

물론입니다. 제 이름은 지나이고, 연락처는 0812-9875-6589입니다.

A : Baiklah. Saya akan menjadwalakan Anda untuk bertemu dengan Dokter Yusuf lusa hari jam 10 pagi.

알겠습니다. Yusuf 선생님과 모레 오전 10시에 만날 수 있도록 선생님 일정을 잡아두겠습니다.

직접 연습하기

빈칸을 채워 대화문을 완성해 보세요.

A : Halo. Selamat pagi, Bu. Ini dengan Klinik Siwon. Ada yang bisa saya bantu?

여보세요, 안녕하세요. 여기는 시원 의원입니다. 무엇을 도와드릴까요?

B : Selamat pagi, saya ___1___ dengan dokter Choi hari ini.

안녕하세요, 오늘 최 의사 선생님과 만나 뵙고 싶어요.

A : Oh, maaf. Dr. Choi sudah penuh dengan ___2___ hari ini.

아, 죄송합니다. 최 선생님께서는 오늘 일정이 다 차셨습니다.

B : Kalau begitu, apakah dapat menemuinya jam 2 siang besok?

그러면 내일 낮 2시에 그분을 뵐 수 있을까요?

A : Bisa untuk jam itu, Ibu. Ibu sedang ___3___?

그 시간에 가능하십니다. 어디가 아프신가요?

B : Saya batuk dan pilek, merasa panas dan dingin sepanjang waktu dan makan pun tidak enak.

저는 기침과 코감기가 있고, 수시로 추웠다 더웠다 하고 입맛이 없어요.

A : Baik, Bu. ___4___ nama Anda dan nomor kontak Anda?

알겠습니다, 선생님. 선생님의 이름과 연락처를 알려주실 수 있을까요?

B : Tentu. Nama saya Ani dan nomor HP saya 0812-3456-7890.

물론입니다. 제 이름은 Ani이고, 연락처는 0812-3456-7890입니다.

A : Baiklah. Saya akan ___5___ untuk menemuinya besok jam 2 siang.

알겠습니다. 내일 낮 2시 그분과 만나실 수 있도록 선생님 일정을 잡아 두겠습니다.

정답

1. ingin bertemu 2. jadwal 3. sakit apa 4. Boleh sebutkan 5. menjadwalkan

실전 연습하기

STEP 01 먼저 문장을 보지 않은 채 질문을 듣고 해석해 보세요.

STEP 02 몇 번 반복한 후, 이번엔 문장을 보며 잘 안 들렸던 부분을 체크해 보세요.

STEP 03 충분히 연습이 되었다면 들은 질문에 바로 대답하는 연습을 해 보세요.

A : Selamat pagi. Ini dengan Klinik Siwon. Ada yang bisa saya bantu?

안녕하세요. 시원의원입니다. 무엇을 도와 드릴까요?

B : ______________________________

A : Boleh, Anda ingin menemuinya hari apa?

가능합니다. 무슨 요일에 그분을 만나려 하시나요?

B : ______________________________

A : Mohon maaf, kalau jam 9 sudah ada pasien lain.

죄송합니다, 9시에는 다른 환자가 있습니다.

B : ______________________________

A : Boleh, Tolong sebutkan nama Anda dan nomor HPnya.

가능합니다, 선생님 성함과 연락처를 알려주세요.

B : ______________________________

A : Baik, saya akan mengatur jadwal pertemuan Anda besok pagi jam 9.

알겠습니다. 내일 아침 9시에 선생님의 진료 일정을 잡아 둘게요.

B : ______________________________

A : Terima kasih kembali.

감사합니다.

Bab 14

구매하기

1. 공연 티켓 구매하기

2. 항공권 구매하기

Bab

14-1 공연 티켓 구매하기

들어가기

공연 티켓 구매하기는 구매하기 파트 질문 중 비교적 쉬운 편에 속합니다. 패턴을 바탕으로 한 구문을 활용하여 원하는 표현을 할 수 있도록 학습해 봅시다.

완벽! 가이드라인

MP3 Track 14-01-01

01 Saya ingin membeli tiket konser Idol.
아이돌 공연 티켓을 구매하고 싶어요.

02 Saya perlu memesan 2 tiket untuk saya dan teman saya.
저와 친구를 위한 두 장의 티켓 예매가 필요해요.

03 Apakah ada tempat duduk yang lebih murah?
더 저렴한 자리가 있나요?

04 Apakah ada pilihan yang hari lain?
다른 날 선택권이 있나요?

05 Saya akan transfer uang sampai hari Jumat ini.
이번 주 금요일까지 돈을 송금하겠습니다.

필수 어휘

MP3 Track 14-01-02

konser	콘서트	berbeda	다르다
pertunjukan	공연	acara	행사
pameran	전시회	dewasa	어른
sirkus	서커스	remaja	청소년
tiket gratis	무료 티켓	anak-anak	아이
menyelenggarakan	개최하다	loket karcis	티켓 부스
mengadakan	개최하다	waktu berkunjung	방문 시간
konser tahun baru	신년 콘서트	masa pameran	전시 기간
konser special	특별 콘서트	pengunjung	방문객 / 관람객
merayakan	기념하다	pemirsa	시청자
memperingati	추모하다	stadion	경기장
resmi	공적인 / 공식적인	panggung	무대
daftar harga	가격 목록	kosong	숫자 0 / 없는
menggelar	보여주다 / 공연하다	musik terbaru	신곡
memastikan	확정하다 / 확실히 하다	sisa	나머지 / 여분
kategori	카테고리 / 분류	maksimum	최대

인도네시아어 OPI

필수 패턴

01 Saya ingin membeli tiket pameran tahun baru.
신년 전시회 티켓을 구매하고 싶어요.

02 Saya perlu memesan 2 tiket untuk saya dan anak saya.
저와 아이를 위한 두 장의 티켓이 필요해요.

03 Apakah ada tempat duduk yang lebih bagus?
더 좋은 자리가 있나요?

인도네시아어 OPI

필수 문법

atas : ~에 대하여 / ~로 구성되다

'위' 라는 명사적 의미를 가지지만, 전치사로서도 사용이 가능하며 주로 감사나 사과 표현을 할 때 쓰입니다.

01 감사 및 사과 표현

- Terima kasih **atas** bantuan Anda.
  당신의 도움**에 대해** 감사드립니다.
- Mohon maaf **atas** kesalahan yang saya lakukan.
  제가 한 잘못**에 대해** 사과드립니다.

02 terdiri와 함께 쓰이는 경우 : ~로 구성되다

- Keluarga saya **terdiri atas** suami, anak perempuan, dan saya.
  우리 가족은 저와 딸, 남편**으로 구성되어 있습니다**.
- Perusahaan otomobil itu **terdiri atas** lima bagian yang utama.
  그 자동차 회사는 5개의 주요 부서**로 구성되어 있습니다**.

예시 미리보기

MP3 Track 14-01-03

A : Selamat siang, ada yang bisa saya bantu?

안녕하세요, 무엇을 도와드릴까요?

B : Saya ingin membeli tiket konser Idol kelas Gold untuk 2 orang. Harganya berapa?

저는 아이돌 콘서트 티켓 2장을 골드 등급으로 사고 싶어요. 가격이 얼마인가요?

A : Baik, kelas Gold untuk 1 tempat 2.000.000 rupiah.

네, 골드 등급은 1자리에 2,000,000루피아예요.

B : Oh, ya? Wah... terlalu mahal. Ada tempat duduk yang lebih murah?

아, 그래요? 와… 너무 비싸네요. 더 싼 좌석이 있나요?

A : Ada, konser ini memiliki 3 kelas, yaitu kelas gold, silver, dan ekonomi. Kelas silver harganya 1.700.000 rupiah terus kelas ekonomi harganya 1.500.000 rupiah.

있습니다, 이 콘서트는 세 개의 등급이 있는데 골드, 실버, 이노코미입니다. 실버 등급은 1,700,000루피아이고, 이코노미 등급은 1,500,000루피아예요.

B : Saya mau membeli kelas ekonomi saja. Untuk 2 orang. Hari Sabtu depan masih bisa?

저는 그냥 이코노미 등급으로 살게요. 2명이에요. 다음 주 토요일 아직 가능한가요?

A : Bisa. Konsernya ada jam 2 siang dan jam 7 malam.

가능해요. 콘서트는 낮 2시와 저녁 7시에 있습니다.

B : Saya memilih jam 7. Berapa harganya?

7시로 할게요. 얼마인가요?

A : Total 3.000.000 rupiah.

전체 3,000,000루피아입니다.

B : Baik, ini uangnya.

네, 여기 돈 드려요.

직접 연습하기

빈칸을 채워 대화문을 완성해 보세요.

A : Selamat siang, ____1____?
안녕하세요, 무엇을 도와드릴까요?

B : Saya ____2____ tiket pertunjukan sirkus kelas Gold untuk 2 orang. Harganya berapa?
저는 서커스 공연 티켓 2장을 골드 등급으로 사고 싶어요. 가격이 얼마인가요?

A : Baik, kelas gold untuk 1 tempat 2.000.000 rupiah.
네, 골드 등급은 1자리에 2,000,000루피아예요.

B : Oh, ya? Wah··· ____3____. Ada tempat yang lebih murah?
아, 그래요? 와··· 너무 비싸네요. 더 싼 좌석이 있나요?

A : Ada. Pertunjukan ini ____4____ 2 kelas, yaitu kelas gold dan ekonomi. Kelas ekonomi harganya 1.000.000 rupiah.
있습니다. 이 콘서트는 두 개의 등급이 있는데 골드, 이노코미입니다. 이코노미 등급은 1,000,000루피아예요.

B : Saya mau membeli kelas ekonomi saja. Untuk 2 orang. Hari Selasa depan ____5____?
저는 그냥 이코노미 등급으로 살게요. 2명이에요. 다음 주 화요일 아직 가능한가요?

A : Bisa. Harganya 2.000.000 rupiah. Anda ingin membayar dengan apa?
가능합니다. 가격은 2,000,000루피아예요. 어떻게 지불하시겠어요?

B : Mau bayar memakai kartu kredit dengan cicilan 2 bulan.
신용카드 2개월 할부로 지불할게요.

정답

1. ada yang bisa saya bantu 2. ingin membeli 3. terlalu mahal 4. memiliki 5. masih bisa

실전 연습하기

STEP 01 먼저 문장을 보지 않은 채 질문을 듣고 해석해 보세요.

STEP 02 몇 번 반복한 후, 이번엔 문장을 보며 잘 안 들렸던 부분을 체크해 보세요.

STEP 03 충분히 연습이 되었다면 들은 질문에 바로 대답하는 연습을 해 보세요.

A : Selamat siang, ada yang bisa saya bantu?

안녕하세요, 무엇을 도와 드릴까요?

B : ______________________________

A : Baik, konsernya memiliki 3 kelas. Harganya kelas A 3.000.000 rupiah, kelas B 2.000.000 rupiah, dan kelas C 1.000.000 rupiah.

네, 콘서트는 3개의 등급이 있어요. A등급은 3,000,000루피아이고 B등급은 2,000,000루피아, C등급은 1,000,000루피아예요.

B : ______________________________

A : Baik, untuk jam berapa? Ada jam 3 siang dan jam 5 sore.

네, 몇 시에요? 오후 3시와 5시가 있습니다.

B : ______________________________

A : Jam 3 siang tanggal 26, kan? Harganya 4.000.000 rupiah.

26일 오후 3시지요? 가격은 4,000,000루피아입니다.

B : ______________________________

A : Maaf, tidak bisa. Karena mesinnya rusak, kami bisa menerima uang tunai saja.

죄송하지만 안 됩니다. 기계가 고장이 나서 저희는 현금만 받을 수 있어요.

B : ______________________________

A : Terima kasih. Selamat menikmati konsernya.

감사합니다. 즐거운 관람 되세요.

Bab

14-2 항공권 구매하기

들어가기

항공권 구매는 면접관과 주고받는 정보가 많기 때문에 목적지와 출국 일정 등 기본 정보를 제공한 뒤 예약 가능 여부 등을 확인하면서 맞추어 나가는 것이 좋습니다. 따라서 중문 이상의 문장 훈련이 필요한 역할 분담 파트입니다.

완벽! 가이드라인

MP3 Track 14-02-01

01 Saya ingin membeli tiket tujuan Seoul, Korea.
한국의 서울로 가는 티켓을 구매하고 싶어요.

02 Saya perlu memesan 2 tiket untuk saya dan istri saya.
저와 아내를 위한 두 장의 티켓 예매가 필요해요.

03 Apakah ada penerbangan pagi hari?
아침 비행편이 있나요?

04 Apakah ada pilihan yang lain?
다른 선택권이 있나요?

05 Saya akan transfer uang sampai hari Jumat ini.
이번 주 금요일까지 돈을 송금하겠습니다.

필수 어휘

MP3 Track 14-02-02

membeli	사다	bandara	공항
tiket	티켓	memeriksa	확인하다
penerbangan	비행 / 항공	bersiap	준비하다
penuh	가득 찬	nomor rekening	계좌번호
maskapai (penerbangan)	항공사	menghubungi	~와 연락하다
mendarat	착륙하다	menunggu	기다리다
terbang	날다 / 날아가다	berangkat	출발하다
pilihan	선택	keberangkatan	출발
biro perjalanan	여행사	membatalkan	취소
menuju	향하다	mampir	들르다
diskon	할인	tiba	도착하다
jendela	창문	kartu identitas	신분증
selasar	베란다 / 복도	paspor	여권
pembayaran	지불	diskon	할인
sekali jalan	편도	tersedia	준비된 / 갖추어진
pulang pergi (PP)	왕복	permintaan	요청

인도네시아어 OPI

필수 패턴

01 Saya ingin membeli tiket tujuan Seoul, Korea.
한국의 서울로 가는 티켓을 구매하고 싶어요.

02 Saya perlu memesan 2 tiket untuk saya dan istri saya.
저와 아내를 위한 두 장의 티켓 예매가 필요해요.

03 Apakah ada penerbangan pagi hari?
아침 비행편이 있나요?

04 Total ongkos tiket pulang pergi berapa?
왕복 티켓 총 요금이 얼마인가요?

05 Saya harus sampai di bandara berapa menit sebelumnya?
저는 공항에 몇 분 전까지 도착해야 하나요?

인도네시아어 OPI

필수 문법

lewat / melalui : ~을 통해서

방법과 수단을 표현할 때 전치사 자리에 사용할 수 있는 표현입니다.

01 Kami menerima pembayaran **melalui** kartu kredit.
저희는 신용카드**를 통한** 지불을 받습니다.

02 Saya sering mendengar berita terbaru **melalui** radio.
저는 라디오**를 통해** 종종 새로운 소식을 접합니다.

03 Saya mau menerima e-tiket saya **lewat** e-mail.
저는 이메일**을 통해서** e-티켓을 받고 싶어요.

04 Idol itu mengumumkan **lewat** SNS akan mengunjungi Indonesia bulan depan.
그 아이돌은 다음 달에 인도네시아에 방문할 것이라고 SNS**를 통해** 발표했습니다.

예시 미리보기

MP3 Track 14-02-03

A : Halo, selamat pagi. Saya ingin membeli tiket tujuan Jakarta, berangkat pada tanggal 22 pulang pada tanggal 30 bulan ini.

여보세요, 안녕하세요. 저는 이 달 22일에 출발하여 30일에 귀국하는 자카르타 노선의 티켓을 구매하고 싶어요.

B : Baik, tunggu sebentar ya. Ingin kami periksa dulu. Maaf, berangkat pada tanggal 22 sudah penuh. Tapi tiket unutk pulang pada tanggal 30 masih ada.

네, 잠시만요. 먼저 저희가 확인해 보겠습니다. 죄송합니다. 22일에 출발하는 것은 다 찼어요. 하지만 30일의 귀국 티켓은 아직 있습니다.

A : Kalau begitu bagaimana dengan tanggal 21? Atau tanggal 20 juga bisa.

그러면 21일은 어때요? 20일도 가능해요.

B : Untuk tanggal 20 bisa, penerbangannya ada jam 9 pagi dan jam 5 sore.

20일은 가능하시고, 비행편은 아침 9시와 오후 5시에 있어요.

A : Saya mau mengambil yang pagi saja. Bisa dapat tempat duduk di dekat jendela?

아침 걸로 할게요. 창가 자리로 예약할 수 있을까요?

B : Baik. Jadi kami memesankan tiket pesawat, berangkat jam 9 pagi tanggal 21 dan pulangnya tanggal 30. Bapak ingin tempat duduk di dekat jendela. Tolong sebutkan nama Bapak dan nomor paspornya.

네. 그러면 저희는 21일 9시 출발과 30일 귀국하는 비행기 티켓을 예매해 드리겠습니다. 창가석을 원하시구요. 선생님 성함과 여권 번호를 알려주세요.

A : Nama saya Jin Yeong, J-I-N-Y-E-O-N-G dan nomor paspor saya M12345678.

제 이름은 진영, J-I-N-Y-E-O-N-G이고, 여권 번호는 M12345678입니다.

B : Baik, apakah Bapak ingin membayar di sini atau ingin transfer?

네, 선생님 이곳에서 지불하시나요, 아니면 송금하시나요?

A : Nanti saya akan mampir ke sana untuk bayarannya.

나중에 제가 지불하러 그쪽으로 들를게요.

B : Baik, terima kasih.

네, 감사합니다.

직접 연습하기

빈칸을 채워 대화문을 완성해 보세요.

A : Halo, selamat pagi, saya ___1___ tiket tujuan Jakarta, berangkat pada tanggal 1 dan pulangnya pada tanggal 10. Jadi 10 hari 9 malam.

여보세요, 안녕하세요. 저는 1일에 출발해서 10일에 돌아오는 자카르타 노선의 티켓을 구매하고 싶어요. 그러니까 9박 10일이네요.

B : Untuk tanggal 1, semua penerbangan pagi hari telah habis. Apakah tidak ada masalah dengan jam 10 malam?

1일에는 아침 비행편이 모두 매진되었어요. 저녁 10시 비행기도 문제없으실까요?

A : Tidak masalah. Saya ingin dapat ___2___ di dekat jendela.

문제없어요. 창가 좌석으로 앉고 싶어요.

B : Baik, atas namanya siapa? Kemudian ibu ingin membayar ___3___?

네, 성함이 어떻게 되시나요? 그리고 무엇을 통해 결제하려 하시나요?

A : ___4___ Jina J-I-N-A. Bayarannya saya ingin transfer saja. Nomor rekeningnya berapa?

제 이름은 Jina, J-I-N-A예요. 지불 건은 송금할게요. 계좌 번호가 몇 번이죠?

B : ___5___ kami 1209-8765 bank ABC. Mohon bayar tiket yang telah dipesan sampai besok. Jika Ibu tidak transfer, maka pesanan tiket akan kami anggap batal.

저희 계좌 번호는 1209-8765이고 ABC 은행입니다. 예약한 티켓은 내일까지 지불을 요청드립니다. 선생님께서 송금을 하지 않으시면, 예약하신 티켓은 취소한 것으로 간주하겠습니다.

A : Baik, akan saya hubungi lagi setelah selesai transfer.

네, 송금을 끝낸 후에 제가 다시 연락드릴게요.

B : Baik. Terima kasih.

네. 감사합니다.

정답

1. ingin membeli 2. temapt duduk 3. lewat apa 4. Nama saya 5. Nomor rekening

실전 연습하기

STEP 01 먼저 문장을 보지 않은 채 질문을 듣고 해석해 보세요.

STEP 02 몇 번 반복한 후, 이번엔 문장을 보며 잘 안 들렸던 부분을 체크해 보세요.

STEP 03 충분히 연습이 되었다면 들은 질문에 바로 대답하는 연습을 해 보세요.

A : ______________________________

B : Baik, tunggu sebentar ya. Ingin kami periksa dulu. Maaf, berangkat pada tanggal 22 sudah penuh. Tapi tiket unutk pulang pada tanggal 30 masih ada.

네, 잠시만요. 먼저 저희가 확인해 보겠습니다. 죄송합니다. 22일에 출발하는 것은 다 찼어요. 하지만 30일의 귀국 티켓은 아직 있습니다.

A : ______________________________

B : Untuk tanggal 20 bisa, penerbangannya ada jam 9 pagi dan jam 5 sore.

20일에 가능하시고, 비행기는 아침 9시와 오후 5시에 있어요.

A : ______________________________

B : Baik, jadi kami memesankan tiket pesawat, berangkat jam 9 pagi tanggal 21 dan pulangnya tanggal 30. Bapak ingin tempat duduk di dekat jendela. Tolong sebutkan nama bapak dan nomor paspornya.

네, 그러면 저희는 21일 9시 출발과 30일 귀국하는 비행기 티켓을 예매해 드리겠습니다. 창가석을 원하시고요. 선생님 성함과 여권 번호를 알려주세요.

A : ______________________________

B : Baik, apakah bapak ingin membayar di sini atau ingin transfer?

네, 선생님 이곳에서 지불하시나요, 아니면 송금하시나요?

A : ______________________________

B : Baik, terima kasih.

네, 감사합니다.

Bab

15

렌트하기

1. 집 렌트하기

2. 차량 렌트하기

Bab
15-1 집 렌트하기

들어가기

임대하기 파트는 주로 IM 수준 이상의 회화가 가능한 응시자들이 받는 질문입니다. 따라서 각 질문과 응답의 내용이 장문으로 구성됩니다. 구하는 집의 최소 구성 요건, 집안의 옵션, 집의 위치, 가격 협상 등 다양한 분야에 대해 이야기할 수 있어야 합니다.

완벽! 가이드라인

MP3 Track 15-01-01

01 Saya ingin menyewa sebuah rumah yang memiliki 3 buah kamar tidur dan 2 buah kamar kecil.
침실 3개와 화장실 2개가 있는 집을 임대하고 싶어요.

02 Saya sedang mencari tempat tinggal yang cocok bagi keluarga saya.
저는 우리 가족에게 알맞은 주거지를 찾는 중이에요.

03 Apakah sudah termasuk tarif listrik dan air?
수도세와 전기세가 포함되었나요?

04 Apakah ada opsi yang lain?
다른 옵션이 있나요?

05 Ada fasilitas apa saja?
옵션이 무엇이 있나요?

필수 어휘

MP3 Track 15-01-02

rumah	집	ruang keluarga	거실
apartemen	아파트	dapur	부엌
perumahan	주택	kamar mandi	샤워실
sewa	임대 / 임대료	kamar tidur	침실
menyewa	임차하다	garasi	차고
mengontrak	임차하다 / 계약하다	ruang makan	식당
menyewakan	임대하다	WC / kamar kecil	화장실
mengontrakan	임대하다	kulkas	냉장고
melebihi	~을 능가하다 / 보태다	televisi / TV	텔레비전
sewa bulanan	월 임대료	tempat tidur	침대
fasilitas	편의시설 / 설비	lemari baju	옷장
lengkap	갖춰진	rak buku	책꽂이
dibangun	건설되다	meja / kursi	책상 / 의자
kompleks	복합 단지	lantai	계단
gedung baru	새 건물	AC	에어컨
cocok	알맞은 / 적합한	kunci	열쇠

인 도 네 시 아 어 OPI

필수 패턴

01 Saya ingin menyewa sebuah rumah yang memiliki 3 buah kamar tidur dan 2 buah kamar kecil.
침실 3개와 화장실 2개가 있는 집을 임대하고 싶어요.

02 Saya sedang mencari tempat tinggal yang cocok bagi keluarga saya.
저는 우리 가족에게 알맞은 주거지를 찾는 중이에요.

03 Apakah sudah termasuk tarif listrik dan air?
수도세와 전기세가 포함되었나요?

04 Suasana di sekitar kos bagaimana?
하숙집 근처 분위기는 어떤가요?

05 Untuk sewa tahunan, bisa dapat berapa persen diskon?
연간 임대에서 몇 퍼센트의 할인을 받을 수 있나요?

인 도 네 시 아 어 OPI

필수 문법

ber- + 수사

접두사 ber-는 동사를 만들어 주는 대표적 접사입니다. ber-가 수사와 결합할 경우에는 부사로 복수를 나타냅니다.

- Kita makan **berdua** di depan TV.
  우리는 텔레비전 앞에서 **둘이** 먹습니다.
- Kita menonton film **bertiga** di bioskop.
  우리는 영화관에서 **셋이** 영화를 봅니다.

예외 bersatu의 의미는 '하나가 되다'입니다. '혼자서'라는 의미의 부사는 '**sendiri**'입니다.

- Masa depan, Korea Selatan dan Korea Utara akan **bersatu**.
  미래에 남한과 북한은 **통일이 될** 것입니다.
- Saya sudah 5 tahun tinggal **sendiri** di Seoul.
  저는 5년간 서울에서 **혼자** 살고 있습니다.

예시 미리보기

MP3 Track 15-01-03

A : Halo, saya melihat iklan di koran Indo. Apakah ini benar agen properti?

여보세요. 인도 신문에서 광고를 보았어요. 부동산 에이전트가 맞나요?

B : Selamat pagi, benar. Ini agen properti dengan Ani. Ada yang bisa saya bantu?

안녕하세요, 네. 부동산 에이전트의 Ani입니다. 제가 무엇을 도와드릴까요?

A : Saya ingin menyewa sebuah rumah yang memiliki 3 buah kamar tidur dan 2 buah kamar kecil untuk setahun. Biaya sewa tidak mau melebihi 1.500 dolar Amerika per bulan.

저는 침실 3개와 화장실 2개가 있는 집을 1년 임대하고 싶어요. 임대료는 매달 미화 1,500불을 넘기고 싶진 않아요.

B : Baik. Anda sedang mencari perumahan atau apartemen?

좋습니다. 선생님은 주택을 찾으시나요, 아파트를 찾으시나요?

A : Lebih baik apartemen. Saya mencarinya di daerah Jakarta Selatan karena dekat dari kantor saya.

아파트가 더 좋습니다. 저는 남부 자카르타 지역의 집을 찾고 있는데 (그곳이) 제 사무실과 가까워서요.

B : Oh, begitu. Kami sedang memiliki beberapa apartemen yang cocok dengan permintaan Ibu. Apakah Ibu ingin melihat dulu?

그렇군요. 저희는 지금 선생님의 요청과 맞는 몇 개의 아파트를 보유하고 있습니다. 먼저 둘러보시겠어요?

A : Boleh, apakah bisa melihat besok jam 10 pagi?

가능해요, 내일 오전 10시에도 볼 수 있나요?

B : Bisa, Bu. Kita bertemu di kantor saya jam 10 pagi, ya. Tolong beritahukan nomor HP Anda dan namanya untuk bisa hubungi lagi.

가능해요, 선생님. 우리 오전 10시에 제 사무실에서 만나요. 재연락을 위한 휴대폰 번화와 연락처를 알려주세요.

A : Nama saya Jina, dan nomor HP saya 0878 135 1357.

제 이름은 지나이고 휴대폰 번호는 0878 135 1357이에요.

B : Baik, sampai besok di kantor saya, ya.

알겠습니다. 내일 제 사무실에서 봬요.

직접 연습하기

빈칸을 채워 대화문을 완성해 보세요.

A : Halo, saya ____1____ di koran Indo. Apakah ini benar agen properti?
여보세요, 인도 신문에서 광고를 보았어요. 부동산 에이전트가 맞나요?

B : Selamat pagi, benar. Ini agen properti dengan Agus. ____2____?
안녕하세요, 네. 부동산 에이전트의 Agus입니다. 제가 무엇을 도와드릴까요?

A : Saya ____3____ sebuah rumah yang memiliki 1 buah kamar tidur dan 1 buah kamar kecil untuk setahun. Biaya sewa ____4____ 500 dolar Amerika per bulan.
저는 1년간 침실 1개와 화장실 1개가 있는 집을 임대하고 싶어요. 임대료는 매달 미화 500불을 넘기고 싶진 않아요.

B : Baik, Anda sedang mencari perumahan atau apartemen?
좋습니다, 선생님은 주택을 찾으시나요, 아파트를 찾으시나요?

A : Lebih baik perumahan. Saya mencarinya di daerah Jakarta Utara karena dekat dari kampus saya.
주택이 더 좋습니다. 저는 북부 자카르타 지역의 집을 찾고 있는데 (그곳이) 제 대학교와 가까워서요.

B : Oh, begitu. Kami sedang memiliki beberapa perumahan yang cocok dengan permintaan bapak. Apakah bapak ingin melihat dulu?
그렇군요. 저희는 지금 선생님의 요청과 맞는 몇 개의 주택을 보유하고 있습니다. 먼저 둘러보시겠어요?

A : Boleh, apakah bisa melihat ____5____?
가능해요, 내일 오후 5시에도 볼 수 있나요?

B : Bisa, pak. Kita bertemu di kantor saya jam 5 sore, ya. Tolong beritahukan nomor HP Anda dan namanya untuk bisa hubungi lagi.
가능해요, 선생님. 우리 오후 5시에 제 사무실에서 만나요. 재연락을 위한 휴대폰 번화와 연락처를 알려주세요.

A : Nama saya Jin Yeong, dan nomor HP saya 0878 246 2468.
제 이름은 진영이고 휴대폰 번호는 0878 246 2468이에요.

B : Baik, sampai besok di kantor saya, ya.
알겠습니다. 내일 제 사무실에서 봬요.

정답

1. melihat iklan 2. Ada yang bisa saya bantu 3. ingin menyewa 4. tidak mau melebihi 5. besok jam 5 sore

실전 연습하기

STEP 01 먼저 문장을 보지 않은 채 질문을 듣고 해석해 보세요.

STEP 02 몇 번 반복한 후, 이번엔 문장을 보며 잘 안 들렸던 부분을 체크해 보세요.

STEP 03 충분히 연습이 되었다면 들은 질문에 바로 대답하는 연습을 해 보세요.

A : Halo, Anda sedang mencari rumah di daerah mana?
여보세요, 어느 지역의 집을 구하시는 중이죠?

B : ______________________________

A : Baik, Anda ingin menyewa rumah seperti apa?
네, 어떤 집을 임대하고 싶으신가요?

B : ______________________________

A : Baik, rumah yang seperti itu harga sewa 1.000 dolar AS setiap bulan.
좋습니다, 그런 집은 임대료가 한 달에 미화 1,000불 정도입니다.

B : ______________________________

A : Kalau Anda membayar sewa tahunan, saya bisa mengurangi harga sewa sebesar satu bulan.
1년간 임대료를 지불한다면 한 달 임대료만큼 빼 드릴게요.

B : ______________________________

A : Ya, benar. Mohon transfer biaya sewa kepada saya.
네, 맞습니다. 제게 임대료를 송금해 주세요.

B : ______________________________

Bab

15-2 차량 렌트하기

들어가기

차량 렌트는 주택 임대와 비슷하다고 볼 수 있습니다. 질문과 대답이 모두 긴 편이므로 대화에 집중이 필요합니다. 전반적인 렌트 정보에서부터 차를 선택하고, 가격 안에 포함된 내역(기름값, 기사 포함 여부, 유료 도로비 포함 여부) 등을 세부적으로 물어봐야 합니다.

완벽! 가이드라인

MP3 Track 15-02-01

01 Saya ingin menyewa sebuah mobil untuk penumpang 4 orang.
4명이 탈 차량 한 대를 렌트하고 싶어요.

02 Saya perlu menyewa mobil untuk liburan di Surabaya.
수라바야에서 휴가를 위한 차량 렌트가 필요해요.

03 Apakah sudah termasuk biaya sopir dan sebagainya?
기사 비용과 같은 것들이 포함되었나요?

04 Biaya sewa tersebut sudah termasuk apa saja?
말씀하신 렌트 비용에 어떤 것들이 포함되어 있나요?

05 Saat itu saya bisa memakai mobil apa saja?
그 때 제가 사용할 수 있는 차량에는 어떤 것들이 있나요?

필수 어휘

MP3 Track 15-02-02

mobil	차	memakai	사용하다 / 입다
jenis mobil	차종	menggunakan	사용하다
SIM (Surat Izin Mengemudi)	운전 면허증	tanda tangan	서명
penumpang	승객 / 탑승객	menandantangani	~에 서명하다
menumpang	타다 / 동반하다	mengembalikan	되돌려 놓다 / 반환하다
sopir	기사	membebani	부담을 주다 / 부과하다
daftar mobil	차량 목록	asuransi mobil	차량 보험
formulir	서식 / 양식	mengemudikan	운전하다
biaya tol	통행료	menyetir	운전하다 / 조정하다
biaya parkir	주차비	keterlambatan	지각
biaya bensin	기름값	persyaratan	조건 사항
mengirim	보내다	tanggung jawab	책임
mobil kecil	소형차	perbatasan	제한
mobil menengah	중형차	jarak	거리
mobil besar	대형차	manual	수동
uang muka	선수금	automatik	자동(오토)

필수 패턴

01 Saya ingin menyewa sebuah mobil untuk menumpang 4 orang.
4명이 탈 차량 한 대를 렌트하고 싶어요.

02 Apakah sudah termasuk biaya sopir dan sebagainya?
기사 비용과 같은 것들이 포함되었나요?

03 Saya ingin menyediakan asuransi kendaraan. Bagaimana caranya?
차량 보험을 들고 싶어요. 방법이 어떻게 되나요?

04 Mobil ini diisi minyak atau diesel?
이 차는 가솔린인가요, 디젤인가요?

05 Mobil ini harus saya kembalikan sebelum jam berapa?
이 차는 제가 몇 시까지 돌려 드려야 하나요?

인 도 네 시 아 어 OPI

필수 문법

sewa와 pinjam

- **sewa :** 임대/대여. 돈을 받고 본인의 물건을 남에게 빌려줌
- **pinjam :** 빌리다. 남의 물건이나 돈 따위를 나중에 도로 돌려주거나 대가를 갚기로 하고 얼마 동안 쓰는 것

01 Karyawan baru itu sudah **menyewa** rumah di dekat kantor kami.
그 신입 사원은 우리 사무실 가까이에 집을 **임차했습니다**.

02 Perusahaan itu sedang **menyewakan** gedung yang baru dibangun itu.
그 회사는 새롭게 지어진 그 건물을 **임대하는** 중입니다.

03 Saya **meminjam** uang di bank untuk membayar sewa bulanan.
저는 월간 임대료를 지불하기 위해 은행에서 돈을 **빌렸습니다**.

04 Ayah **meminjamkan** saya sepeda motor.
아버지는 제게 오토바이를 **빌려주셨습니다**.

예시 미리보기

MP3 Track 15-02-03

A : Halo, selamat siang, ada yang bisa saya bantu?
여보세요, 안녕하세요, 무엇을 도와드릴까요?

B : Halo, saya mau menyewa sebuah mobil untuk menumpang 4 orang.
안녕하세요, 4명이 탈 차 한 대를 렌트하고 싶어요.

A : Baik, untuk berapa hari?
좋습니다. 며칠 간이요?

B : Dari tanggal 1 sampai 5 bulan depan. Saya bisa memakai mobil apa saja?
다음 달 1일부터 5일까지요. 제가 어떤 차를 사용할 수 있을까요?

A : Rekomen saya Hyundai Tucson, dan juga memiliki Kia Sportage. Dua-duanya 800.000 rupiah per hari.
제 추천은 현대 투싼이고, 기아 스포티지도 가지고 있어요. 두 가지 모두 하루에 800,000루피아입니다.

B : Saya mau memakai Hyundai Tucson. Biaya itu sudah termasuk biaya tol, biaya sopir, biaya parkir dan sepertinya? Untuk berapa jam dalam satu hari?
저는 현대 투싼을 사용할게요. 그 가격에 통행료, 기사 비용, 주차비와 같은 것들이 포함되었나요? 하루에 몇 시간이죠?

A : Ya, biaya sopir sudah termasuk, tetapi biaya tol, biaya parkir, dan biaya bensin harus ditanggung oleh Anda. Ongkos tersebut untuk 8 jam per hari.
네, 기사 비용은 포함되어 있지만, 통행료, 주차비, 그리고 기름값은 선생님의 몫입니다. 언급한 요금은 하루 8시간 사용입니다.

B : Baik. Saya mau mengambil mobilnya di sana. Bagaimana saya bisa membayar?
좋습니다. 저는 그곳에서 차를 가져갈게요. 어떻게 지불하면 될까요?

A : Anda membayar uang muka sebesar 10% dulu melalui transfer, lalu sisanya tolong bayar waktu mengambil mobilnya.
송금으로 선약금 10%를 먼저 지불하시고, 나머지는 차를 가져가실 때 내 주세요.

B : Baik, akan saya hubungi lagi setelah transfer.
네, 송금 후에 다시 연락 드릴게요.

직접 연습하기

빈칸을 채워 대화문을 완성해 보세요.

A : Halo, selamat siang, ada yang bisa saya bantu?
여보세요, 안녕하세요, 무엇을 도와드릴까요?

B : Halo, saya ____1____ sebuah mobil untuk menumpang 4 orang.
안녕하세요, 4명이 탈 차 한 대를 렌트하고 싶어요.

A : Baik, untuk berapa hari?
좋습니다, 며칠 간이요?

B : Dari tanggal 20 sampai 25 bulan depan. Saya bisa memakai ____2____ saja?
다음 달 20일부터 25일까지요. 제가 어떤 차를 사용할 수 있을까요?

A : Rekomen saya Kia Sportage, dan juga memiliki Hyundai Tucson. Dua-duanya 800.000 rupiah per hari.
제 추천은 기아 스포티지이고, 현대 투싼도 가지고 있어요. 두 가지 모두 하루에 800.000루피아입니다.

B : Saya mau memakai Kia Sportage. Biaya itu sudah ____3____ biaya tol, biaya sopir, biaya parkir dan sebagainya? Untuk ____4____ dalam satu hari?
저는 기아 스포티지를 사용할게요. 그 가격에 통행료와 기사 비용이 포함되었나요? 하루에 몇 시간이죠?

A : Ya, sudah termasuk dua-duanya. Ongkos tersebut untuk 8 jam per hari.
네, 모두 포함되어 있습니다. 말씀하신 요금은 하루에 8시간입니다.

B : Baik. Saya mau mengambil mobilnya di sana. Bagaiamana saya bisa membayar?
좋습니다. 제가 그곳에서 차를 가져갈게요. 어떻게 지불하면 될까요?

A : Anda membayar ____5____ sebesar 10% dulu melalui transfer, lalu sisanya tolong bayar waktu mengambil mobilnya.
송금으로 선약금 10%를 먼저 지불하시고, 나머지는 선생님께서 차를 가져가실 때 내시면 됩니다.

B : Baik, akan saya hubungi lagi setelah transfer.
네, 송금 후에 다시 연락 드릴게요.

정답

1. ingin menyewa 2. mobil apa 3. termasuk 4. berapa jam 5. uang muka

실전 연습하기

STEP 01 먼저 문장을 보지 않은 채 질문을 듣고 해석해 보세요.

STEP 02 몇 번 반복한 후, 이번엔 문장을 보며 잘 안 들렸던 부분을 체크해 보세요.

STEP 03 충분히 연습이 되었다면 들은 질문에 바로 대답하는 연습을 해 보세요.

A : Halo, selamat siang. Ada yang bisa saya bantu?
여보세요, 안녕하세요. 무엇을 도와드릴까요?

B : ______________________________

A : Baik, Anda ingin memakai mobil apa?
네, 무슨 차를 타실 건가요?

B : ______________________________

A : Untuk 8 jam 800.000 rupiah. Itu sudah termasuk biaya sopir dan bensin.
8 시간에 800.000루피아예요. 기사 요금과 기름값이 포함되어 있습니다.

B : ______________________________

A : Boleh, atas namanya siapa? Tolong beritaukan nomor HP Anda juga.
네, 성함이 어떻게 되시죠? 휴대폰 번호도 알려주세요.

B : ______________________________

A : Tentu, nomor rekening kami 2356 8732 dan namanya Indo Rent Car.
물론이에요. 저희 계좌 번호는 2356 8732이고 예금주는 Indo Rent Car입니다.

B : ______________________________

Bab 16

컴플레인하기

1. 음식점에서 컴플레인하기

2. 호텔에서 컴플레인하기

3. 공항에서 컴플레인하기

Bab 16-1

음식점에서 컴플레인하기

들어가기

컴플레인하기 파트는 IM 수준 이상의 학습자들이 받는 질문입니다. 따라서 문장이 긴 경우가 많습니다. 해당 파트에서는 경어체를 잘 활용하여 표현하는 것이 중요합니다.

완벽! 가이드라인

MP3 Track 16-01-01

01 Permisi, tadi saya pesan rendang yang tidak pedas.
실례합니다, 아까 제가 맵지 않은 른당을 주문했어요.

02 Maaf, masakan ini terlalu pedas.
죄송해요, 이 요리는 너무 매워요.

03 Bisakah Anda memberi saya masakan yang baru?
새로운 요리로 주실 수 있을까요?

04 Maaf, masakan ini tidak seperti yang saya pesan.
죄송해요, 이 요리는 제가 주문한 것과 달라요.

05 Bisakah cek ulang apa yang saya pesan?
제가 주문한 것을 다시 확인해 주실 수 있을까요?

필수 어휘

MP3 Track 16-01-02

komplain	컴플레인	asam	신
keluhan	불평 / 불만	pedas	매운
bumbu	소스	pahit	쓴
kering	마른 / 건조한	amis	비린
menikmati	즐기다	berminyak	기름진
memberi	주다	matang	익은
makanan	음식	segar	신선한
masakan	요리	disajikan	(음식을) 내어 주다 / 대접하다
kesalahan	잘못	mengganti	바꾸다
memberitaukan	알려주다	menghangatkan	데우다
mengecek	확인하다	segera	곧바로
manis	단	memanggil	부르다
hambar	싱거운	manajer	매니저
hangus	타다	kecewa	실망스러운
mentah	덜 익은 / 날 것의	buruk	나쁜
asin	짠	layanan	서비스

인 도 네 시 아 어 OPI

필수 패턴

컴플레인하기

01 Maaf, masakan ini tidak seperti yang saya pesan.
죄송해요, 이 요리는 제가 주문한 것과 달라요.

02 Bisakah cek ulang apa yang saya pesan?
제가 주문한 것을 다시 확인해 주실래요?

03 Bisakah Anda memberi saya masakan yang baru?
새로운 요리로 주실 수 있을까요?

04 Apakah memakan waktu lebih lama lagi?
더 오래 기다려야 할까요?

05 Saya belum menerima uang kembaliannya.
잔돈을 아직 받지 않았어요.

인 도 네 시 아 어 OPI

'말하다'의 다양한 표현 1

- **menceritakan :** ~에 대해 이야기하다 (= **bercerita tentang**)
- **membicarakan :** ~에 대해 말하다 (= **berbicara tentang**)

01 Saya ingin **menceritakan** pengalaman tinggal di Indonesia.
인도네시아에 살았던 경험**에 대해 이야기하고** 싶어요.

02 Saya ingin **bercerita tentang** pilpres Korea yang akan datang.
저는 다가올 한국 대선**에 대해 이야기하고** 싶어요.

03 Ibu sedang **membicarakan** rencana liburan keluarga.
어머니께서는 가족 휴가 계획**에 대해 말씀하십니다**.

04 Kita sudah **berbicara tentang** soal penjualan tanah itu.
우리는 그 토지 매매 문제**에 대해 말했습니다**.

예시 미리보기

MP3 Track 16-01-03

A : Permisi, Mas!
실례합니다, 저기요!

B : Ya, Pak. Ada yang bisa saya bantu?
네, 손님. 무엇을 도와 드릴까요?

A : Maaf, makasan ini tidak seperti yang saya pesan.
죄송해요, 이 요리는 제가 주문한 것과 다르네요.

B : Saya minta maaf, Pak. Tadi pesan apa?
죄송합니다, 선생님. 아까 무엇을 주문하셨죠?

A : Tadi saya pesan ayam betutu, tetapi daging ini daging bebek. Bisakah cek ulang apa yang saya pesan?
아까 저는 닭고기 브뚜뚜를 주문했는데 이 고기는 오리고기예요. 제가 주문한 것 다시 확인해 주시겠어요?

B : Baik, ditunggu sebentar. Saya sungguh meminta maaf. Saya akan menggantinya segera.
네, 잠시만 기다려 주세요. 정말 죄송합니다. 바로 바꾸어 드리겠습니다.

A : Ada satu hal lagi. Bumbu betutu ini sangat enak, tetapi sedikit pedas bagi saya. Saya ingin minta yang kurang pedas.
한 가지 더 있어요. 이 브뚜뚜 소스는 정말 맛있긴 한데 제게 조금 맵네요. 덜 맵게 부탁할게요.

B : Akan saya beritahukan kepada kokinya. Ada yang bisa saya bantu lagi?
제가 요리사에게 이야기하겠습니다. 더 도와드릴 것이 있을까요?

A : Tidak, itu saja.
아니요, 그게 다예요.

B : Baik. Sekali lagi, saya benar-banar meminta maaf atas kesalahan kami.
네. 다시 한번 저희 잘못에 대해 진심으로 사과드립니다.

직접 연습하기

빈칸을 채워 대화문을 완성해 보세요.

A : Permisi, Mbak!
실례합니다, 저기요!

B : Ya, Pak. Ada yang bisa saya bantu?
네, 손님. 무엇을 도와 드릴까요?

A : Maaf, Makasan ini tidak seperti ___1___.
죄송해요, 이 요리는 제가 주문한 것과 다르네요.

B : Saya minta maaf, Pak. Tadi pesan apa?
죄송합니다, 선생님. 아까 무엇을 주문하셨죠?

A : Tadi saya memesan bakso sapi, tetapi daging ini daging kambing. Bisakah ___2___ apa yang saya pesan?
아까 저는 소고기 박소를 주문했는데 이 고기는 염소고기예요. 제가 주문한 것 다시 확인해 주시겠어요?

B : Saya sungguh meminta maaf. Saya akan menggantinya ___3___.
정말 죄송합니다. 바로 바꾸어 드리겠습니다.

A : Ada ___4___ lagi. Kuah ini sangat enak, tetapi sedikit asin bagi saya. Saya ingin minta yang kurang asin.
한 가지 더 있어요. 이 국물은 정말 맛있긴 한데 제게 조금 짜네요. 덜 짜게 부탁할게요.

B : Akan saya beritahukan kepada kokinya. Ada yang bisa saya bantu lagi?
제가 요리사에게 이야기하겠습니다. 더 도와 드릴 것이 있을까요?

A : Tidak, itu saja.
아니요, 그게 다예요.

B : Baik. Sekali lagi, saya benar-benar ___5___ atas kesalahan kami.
네. 다시 한번 저희 잘못에 대해 사과드립니다.

정답

1. yang saya pesan 2. cek ulang 3. segera 4. satu hal 5. meminta maaf

실전 연습하기

STEP 01 먼저 문장을 보지 않은 채 질문을 듣고 해석해 보세요.

STEP 02 몇 번 반복한 후, 이번엔 문장을 보며 잘 안 들렸던 부분을 체크해 보세요.

STEP 03 충분히 연습이 되었다면 들은 질문에 바로 대답하는 연습을 해 보세요.

A : Bapak. Ada yang bisa saya bantu?
네, 손님. 무엇을 도와 드릴까요?

B : ______________________________

A : Saya minta maaf. Tadi bapak pesan nasi goreng kampung, kan?
죄송합니다, 선생님. 아까 나시고랭 깜뿡을 주문하셨죠?

B : ______________________________

A : Tentu saja pak, mohon ditunggu sebentar. Akan saya beritahukan kepada kokinya.
당연하지요, 잠시만 기다려 주세요. 제가 요리사에게 이야기하겠습니다.

B : ______________________________

A : Maaf, Pak. langsung saya cek.
죄송합니다. 바로 확인해 보겠습니다.

B : ______________________________

A : Saya akan memanggilnya. Mohon maaf atas kesalahan kami.
제가 불러 드리겠습니다. 저희 잘못에 대해 사과드립니다.

Bab
16-2 호텔에서 컴플레인하기

들어가기

호텔에서 컴플레인하기 주제가 주어질 경우 호텔 객실 문제에 따른 변경 요청이 주를 이룹니다. 따라서 객실 안에서 일어날 수 있는 문제에 관한 어휘와 문장 학습이 필요합니다.

완벽! 가이드라인

MP3 Track 16-02-01

01 Saya ingin mengungkapkan keluhan saya atas layanan hotel ini.
이 호텔 서비스에 대해 제 불만을 이야기하고 싶어요.

02 Tidak bisa menyalakan lampu kamar mandi.
욕실 불이 켜지지 않아요.

03 Tolong perbaiki sekarang.
지금 고쳐 주세요.

04 Tolong ganti dengan kamar lain secepat mungkin.
가능한 빨리 다른 방으로 바꾸어 주세요.

05 Di kamar saya masih ada handuk yang lama.
제 방에 아직도 오래된 수건이 있어요.

필수 어휘

MP3 Track 16-02-02

mengeluhkan	~에 대해 불평하다	petugas	담당자
air panas	온수	memeriksa	검사하다
rusak	고장난	koneksi Wi-Fi	와이파이 연결
memperbaiki	~을 고치다	sopan	정중한
eror	에러 / 오류	pintu	문
menekan	누르다	menginap	숙박하다
tombol	버튼	kunci kamar	방 열쇠
kecoak	바퀴벌레	menyalakan	~을 켜다 / ~을 태우다
serangga	곤충 / 벌레	mematikan	~을 끄다 / ~을 죽이다
semut	개미	mengatasi	극복하다 / 해결하다
bau	냄새	tercium	냄새를 맡다
asap rokok	담배 연기	tempat tidur	침대
membersihkan	청소하다	nyaman	편안한
membereskan	정돈하다	selimut	이불
kotor	더러운	bantal	베개
berantakan	어지러운 / 어질러진	handuk	수건

인 도 네 시 아 어 O P I

필수 패턴

컴플레인하기

01 Saya ingin mengungkapkan keluhan saya atas layanan hotel ini.
이 호텔 서비스에 대해 제 불만을 이야기하고 싶어요.

02 Tidak bisa menyalakan lampu kamar mandi.
욕실 불이 켜지지 않아요.

03 Tolong ganti dengan kamar lain secepat mungkin.
가능한 빨리 다른 방으로 바꾸어 주세요.

04 Saya tidak bisa beristirahat gara-gara bau asap rokok.
담배 연기 냄새 때문에 쉴 수가 없어요.

05 Baju saya belum dikembalikan setelah minta laundry.
세탁 요청 드린 뒤로 제 옷을 돌려받지 못했어요.

인 도 네 시 아 어 O P I

'말하다'의 다양한 표현 2

- **menanyakan :** ~에 대해 묻다 (= **bertanya tentang**)
- **memdiskusikan :** ~에 대해 토론하다 (= **berdiskusi tentang**)

01 Saya ingin **menanyakan** masalah banjir di Jakarta.
저는 자카르타의 홍수 문제**에 대해 질문하고** 싶어요.

02 Murid itu sedang **bertanya tentang** tata bahasa yang tidak mengerti.
그 학생은 이해하지 못한 문법**에 대해 질문하고** 있습니다.

03 Para direktur **mendiskusikan** hal-hal terkait pengelolaan perseroan.
이사들은 회사 경영과 관련한 문제들**에 대해 토론합니다.**

04 Mahasiswa-mahasiswa itu sedang **berdiskusi tentang** perkembangan AI.
그 대학생들은 AI의 미래**에 대해 토론하고** 있습니다.

예시 미리보기

MP3 Track 16-02-03

A : Selamat pagi, ada yang bisa saya bantu?
안녕하세요, 무엇을 도와드릴까요?

B : Maaf, tapi saya ingin mengungkapkan keluhan saya atas layanan hotel ini.
죄송하지만 본 호텔 서비스에 대한 제 불만을 이야기하고 싶어서요.

A : Silakan, Pak.
네, 선생님.

B : Saya ingin mandi, tetapi air panas tidak keluar. Apalagi lampu kamar mandi tiba-tiba mati, dan tidak bisa menyalakan lagi.
샤워를 하려고 했는데 따뜻한 물이 나오지 않아요. 게다가 욕실 불이 갑자기 꺼져서는 다시 켜지지 않네요.

A : Saya benar-benar minta maaf. Nomor kamar Bapak berapa?
정말 죄송합니다. 선생님 방 번호가 어떻게 되시죠?

B : Kamar saya 1003. Apakah bisa mengganti dengan kamar yang lain? Karena saya ada pertemuan di luar sebentar lagi. Tidak bisa menunggu lama-lama.
제 방은 1003호예요. 다른 방으로 바꿔 주실 수 있나요? 왜냐하면 잠시 후에 외부 미팅이 있어서요. 오래 기다릴 수가 없네요.

A : Tentu saja. Bapak bisa mengganti dengan ruangan yang deluxe jika Bapak tidak ada keberatan. Mohon maaf atas ketidaknyamanan.
당연하지요. 선생님께서 부담스럽지 않으시다면 디럭스 룸으로 변경이 가능하십니다. 불편에 사과드립니다.

B : Okai, tidak apa-apa, saya akan pindah ke sana sekarang.
네, 괜찮아요. 지금 그쪽으로 옮길게요.

A : Baik, terima kasih atas pengertian Anda.
네, 이해해 주셔서 감사합니다.

빈칸을 채워 대화문을 완성해 보세요.

A : Selamat pagi, ada yang bisa saya bantu?
안녕하세요, 무엇을 도와드릴까요?

B : Maaf, tapi saya ingin mengungkapkan ___1___ saya atas layanan hotel ini.
죄송하지만 본 호텔 서비스에 제 불만을 이야기하고 싶어서요.

A : Silakan, Pak.
네, 선생님.

B : Saya tidak bisa beristirahat ___2___ bau asap rokok.
담배 냄새 때문에 쉴 수가 없어요.

A : Saya benar-benar minta maaf. Nomor kamar Bapak berapa?
정말 죄송합니다. 선생님 방 번호가 어떻게 되시죠?

B : kamar saya 1003 Apakah bisa mengganti dengan ___3___? Saya sudah 3 kali komplain dengan hal yang sama. Saya tidak bisa tahan lagi.
제 방은 1003호예요. 다른 방으로 바꿔 주실 수 있나요? 같은 걸로 세 번 컴플레인 했어요. 더는 못 참겠어요.

A : Tentu saja. Bapak bisa mengganti dengan ruangan yang deluxe jika bapak tidak ada keberatan. Mohon maaf atas ___4___.
당연하지요. 선생님께서 부담스럽지 않으시다면 디럭스 룸으로 변경이 가능하십니다. 불편에 대해 사과드립니다.

B : Okai, tidak apa-apa, saya mau pindah ke sana sekarang.
네, 괜찮아요. 지금 그쪽으로 옮길게요.

A : Baik, terima kasih atas ___5___ Anda.
네, 이해해 주셔서 감사합니다.

정답

1. keluhan 2. gara-gara 3. kamar yang lain 4. ketidaknyamanan 5. pengertian

실전 연습하기

STEP 01 먼저 문장을 보지 않은 채 질문을 듣고 해석해 보세요.

STEP 02 몇 번 반복한 후, 이번엔 문장을 보며 잘 안 들렸던 부분을 체크해 보세요.

STEP 03 충분히 연습이 되었다면 들은 질문에 바로 대답하는 연습을 해 보세요.

A : Selamat siang, ada yang bisa saya bantu?
안녕하세요, 무엇을 도와드릴까요?

B : ______________________________

A : Ada apa, Bu?
무슨 일이신가요?

B : ______________________________

A : Saya benar-benar minta maaf. Nomor Kamar Ibu berapa?
정말 죄송합니다. 선생님 방 번호가 어떻게 되시죠?

B : ______________________________

A : Tentu saja. Ibu bisa mengganti dengan ruangan yang deluxe jika Ibu tidak ada keberatan. Mohon maaf atas ketidaknyamanan.
당연하지요. 선생님께서 부담스럽지 않으시다면 디럭스 룸으로 변경이 가능하십니다. 불편에 대해 사과드립니다.

B : ______________________________

A : Baik, terima kasih atas pengertian Anda.
네, 이해해 주셔서 감사합니다.

Bab 16-3

공항에서 컴플레인하기

들어가기

공항에서 컴플레인하기 파트는 IM 수준 이상의 응시자들이 받을 수 있는 질문입니다. 따라서 다소 복잡한 문장과 어휘를 활용할 수 있어야 합니다. 또한 해당 파트는 인도네시아 여행 시에 실제로 활용할 수 있어 유용합니다.

완벽! 가이드라인

MP3 Track 16-03-01

01 Sepertinya saya kehilangan barang bawaan saya.
제 수화물이 없어진 것 같아요.

02 Tas saya berwarna merah, bermerek Tas Bagus, dan ukurannya tidak begitu besar.
제 가방은 빨간색이고 Tas Bagus 상표에 크기는 그다지 크지 않아요.

03 Kebanyakan baju sehari-hari dan barang-barang keperluan untuk liburan.
휴가에 필요한 물건들과 일상 옷들이 대부분이에요.

04 Berapa lama sampai saya bisa mendapatkan barang saya?
제가 짐을 받는 데까지 얼마나 걸릴까요?

05 Tolong kirim ke alamat ini.
이 주소로 보내 주세요.

필수 어휘

MP3 Track 16-03-02

koper	캐리어	warna tua	진한 색
barang bawaan	수화물	petugas	담당자
ransel	배낭	tanda pengenal	확인표
tas	가방	tempat pengambilan bagasi	짐 찾는 곳
dompet	지갑	turun	내리다
bagasi	수화물	muncul	나타나다
ketinggalan	두고 오다 / 빠트리다	pesawat	비행기
kehilangan	분실하다 / 없어지다	bandara	공항
berjalan	움직이다 / 돌다	kebanyakan	대부분
ban	타이어 벨트	barang	물건
mendapatkan	얻다 / 획득하다	liburan	휴가
mengisi	채우다	klaim	클레임 / 배상 청구
ukuran	사이즈	mengklaim	클레임하다
keperluan	필요 / 이익	ciri-ciri	특징
warna	색	khusus	특별한
warna muda	연한 색	ingat	기억하다

인 도 네 시 아 어 OPI

필수 패턴

컴플레인하기

01 Sepertinya saya kehilangan barang bawaan saya.
제 수화물이 없어진 것 같아요.

02 Tas saya berwarna merah, bermerek Tas Bagus, dan ukurannya tidak begitu besar.
제 가방은 빨간색이고 Tas Bagus 상표에 크기는 그다지 크지 않아요.

03 Berapa lama sampai saya bisa mendapatkan barang saya?
제가 짐을 받는 데까지 얼마나 걸릴까요?

인 도 네 시 아 어 OPI

필수 문법

ke-an : (원하거나 의도하지 않은 일을) 당하다 / 겪다
어근 동사와 결합하여 해당 일을 당했다는 의미로 쓰입니다.

01 **hilang : 없어지다, 사라지다 / kehilangan : 잃어버리다, 분실하다**

- Bagasi saya **hilang**.
  제 짐이 **없어졌습니다**.
- Penumpang itu **kehilangan** bagasinya.
  그 승객은 수화물을 **분실했습니다**.

02 **tinggal : 살다, 남다 / ketinggalan : 두고 오다, 남겨지다**

- Uang saya **tinggal** lima ribu rupiah.
  제 돈은 오천 루피아 **남았습니다**.
- Saya **ketinggalan** kereta api.
  저는 기차를 **놓쳤습니다**.

예시 미리보기

MP3 Track 16-03-03

A : Selamat malam, sepertinya saya kehilangan barang bawaan saya. Saya sudah 30 menit menunggu di ban berjalan tetapi tas saya tidak kelaur.

안녕하세요, 제 짐이 없어진 것 같아요. 수화물 벨트가 지나가는 곳에서 30분을 기다렸는데 제 가방이 안 나오네요.

B : Bisa sebutkan nomor pener bangannya?

비행편을 알려주실 수 있을까요?

A : Saya naik KE627.

KE627을 탔어요.

B : Baik. Tolong beritahukan detail barang bawaan yang hilang?

네. 없어진 수화물의 디테일을 알려 주세요.

A : Koper saya berwarna merah, bermerek Tas Bagus, dan ukurannya tidak begitu besar.

제 캐리어는 빨간색이고 Tas Bagus 상표에, 크기는 그다지 크지 않아요.

B : Baik, apakah bagasinya sebuah koper saja?

네, 수화물은 캐리어 한 개인가요?

A : Ya, itu saja.

네. 그것뿐이에요.

B : Di dalamnya ada apa saja?

그 안에는 어떤 것이 있나요?

A : Kebanyakan baju sehari-hari dan barang-barang keperluan untuk liburan, seperti baju renang, alat snorkeling, kosmeik, dan lain-lain.

대부분이 일상 옷과 화장품, 스노우쿨링 물품, 수영복 등과 같은 여행에 필요한 물건들이에요.

B : Terima kasih atas informasinya. Kami akan mengembalikan bagasinya ke alamat penginapan Anda.

정보에 감사드립니다. 숙소 주소로 수화물을 돌려 보내 드리겠습니다.

직접 연습하기

빈칸을 채워 대화문을 완성해 보세요.

A : Selamat malam, sepertinya saya ___1___ barang bawaan saya. Saya sudah lama menunggu di tempat pengambilan barang, tetapi saya tidak bisa menemukan koper saya.

안녕하세요, 제 짐이 없어진 것 같아요. 수화물 찾는 곳에서 오래 기다렸는데 수화물을 발견하지 못했어요.

B : Mohon maaf, bisa sebutkan ___2___?

죄송합니다, 비행편을 알려주실 수 있을까요?

A : Saya naik KE627.

KE627을 탔어요.

B : Baik. Tolong beritahukan detail barang bawaan yang hilang.

네. 없어진 수화물의 디테일을 알려 주세요.

A : Koper saya ___3___, bermerek Tas Bagus, dan ___4___ tidak begitu besar.

제 캐리어는 검은색이고 Tas Bagus 상표에 크기는 그다지 크지 않아요.

B : Baik, apakah bagasinya sebuah koper saja?

네, 수화물은 캐리어 한 개인가요?

A : Ya, itu saja.

네, 그것뿐이에요.

B : Di dalamnya ada apa saja?

그 안에는 어떤 것이 있나요?

A : Kebanyakan baju ___5___dan barang-barang keperluan untuk dinas kerja seperti dokumen- dokumen, buku-buku, oleh-oleh dari Korea, dan lain-lainnya.

대부분이 일상 옷과 자료들, 책들, 한국 기념품 등 출장에 필요한 물건들이에요.

B : Terima kasih atas informasinya. Kami akan mengembalikan bagasinya ke alamat penginapan Anda.

정보에 감사드립니다. 숙소 주소로 수화물을 돌려 보내 드리겠습니다.

정답

1. kehilangan 2. nomor penerbangannya 3. berwarna hitam 4. ukurannya 5. sehari-hari

실전 연습하기

STEP 01 먼저 문장을 보지 않은 채 질문을 듣고 해석해 보세요.

STEP 02 몇 번 반복한 후, 이번엔 문장을 보며 잘 안 들렸던 부분을 체크해 보세요.

STEP 03 충분히 연습이 되었다면 들은 질문에 바로 대답하는 연습을 해 보세요.

A : ______________________________

B : Bisa beritahukan detail barang bawaan yang hilang?
없어진 수화물의 디테일을 알려 주실 수 있을까요?

A : ______________________________

B : Di dalamnya ada apa?
그 안에는 어떤 것이 있나요?

A : ______________________________

B : Terima kasih atas infonya. Kami akan mengembalikan bagasinya ke alamat penginapan Anda.
정보에 감사드립니다. 숙소 주소로 수화물을 돌려 보내 드리겠습니다.

A : ______________________________

B : Membutuhkan waktu sekitar 2 hari.
2일 정도 필요합니다.

A : ______________________________

자유롭게 연습하기

PART 3

Issue Question

Bab 17

한국 현안

1. 남북 문제

2. 한류 열풍

남북 문제

"Tolong ceritakan hubungan antara Korea Selatan dan Korea Utara untuk saat ini."

현재 남한과 북한 사이의 관계에 대해 이야기해 보세요.

들어가기

남북 문제는 현재 두 나라 간의 정치적 상황에 대해 설명을 하는 형식으로 혹은 이에 대한 자신의 의견을 제시하는 형식으로 출제될 수 있는 주제입니다. 따라서 IM 이상을 목표로 하는 응시자들은 최근 남북 양국의 현황을 숙지하고 그에 대한 자신의 의견을 미리 정리해 두어야 합니다.

완벽! 가이드라인

MP3 Track 17-01-01

최근에, 양국의 관계는 점점 가까워지고 있습니다. 2018년 두 정상이 만나 협력 방안에 합의한 후 북한이 모든 협력을 거절하면서 양국의 만남이 갑자기 멈췄습니다. 하지만, 최근에 북한 정부는 긍정적으로 남한 정부의 초청에 응했습니다.

남한과 북한에 대한 기사는 우리 국민에게 항상 이슈가 됩니다. 양국의 관계가 좋지 않은 동안, 한국 사회는 굉장히 걱정했습니다. 현재는 양측이 다시 이야기를 시작하게 되어 저는 기쁩니다. 저는 양국 정상이 양국 상황의 평화를 위해 빠른 시일 내에 만났으면 좋겠습니다.

Akhir-akhir ini hubungan antara kedua negara semakin dekat. Pada tahun 2018, setelah kedua pemimpin ini bertemu dan menyepakati rencana kerjasama, pertemuan kedua pihak mendadak terhenti sebab Korea Utara menolak semua kerjasama. Namun, akhir-kahir ini pemerintah Korea Utara menyambut undangan dari pemerintah Korea Selatan dengan sikap baik.

Berita mengenai Korea Selatan dan Korea Utara selalu menjadi isu di bangsa saya. Selama situasi kedua negara tidak baik, masyarakat Korea sangat khawatir. Sekarang saya merasa senang karena kedua pihak mulai berkomunikasi lagi. Saya berharap kedua pemimpin dapat bertemu sementara lagi untuk mendamaikan situasi kedua negeri ini.

필수 어휘

hubungan	관계	pemimpin	지도자
Korea Utara	북한	bertentangan	대립하다
Korea Selatan	남한	terhenti	정지되다 / 멈추다
ketegangan	긴장 / 팽팽함	pemimpin	지도자
pembicaraan	대화	meminpin	지도하다
kesepakatan	일치 / 합의	melanjutkan	지속하다
signifikan	중요한 / 의미 있는	mencapai	도달하다
tiba-tiba	갑자기	menolak	거절하다 / 각하하다
mendadak	갑자기	membuahkan hasil	성과를 내다
presiden	대통령	mendingin	식다 / 나아지다
pemerintah	정부	mengancam	위협하다
pasukan	군대	kaya	부유한
undangan	초청	miskin	가난한
ancaman	위협	damai	평화로운
pertemuan puncak	정상 회동	memperhatikan	예의 주시하다
konferensi tingkat tinggi	정상회담 / 고위회담	menghadiri	~에 참석하다

필수 패턴

이슈 설명하기

01 Belakangan ini, isu yang hangat di Korea adalah hubungan antara Korea Selatan dan Korea Utara.
최근 한국의 뜨거운 화제는 남한과 북한 사이의 관계입니다.

02 Pagi ini saya baru mendengar tentang isu Korea Utara.
오늘 아침에 북한에 대한 이슈를 막 듣게 되었습니다.

03 Saya ingin berbicara salah satu isu terbaru, yaitu hubungan antara kedua Korea.
저는 최근 이슈 중 하나를 이야기하고 싶은데, 바로 두 한국 간의 관계에 대한 것입니다.

04 Setiap hari saya bisa membaca kabar tentang situasi antara Korea Utara dan Selatan.
매일 저는 남한과 북한에 대한 기사를 읽을 수 있습니다.

남북 관계

01 Akhir-akhir ini hubungan antara kedua negara semakin dekat.
최근에, 양국의 관계는 점점 가까워지고 있습니다.

02 Ketegangan Korea Selatan dan Korea Utara mendingin secara signifikan.
남한과 북한의 긴장이 상당히 완화되었습니다.

03 Pembicaraan Korsel dan Korut mendadak terhenti.
남한과 북한의 대화가 갑자기 중단되었습니다.

04 Pemerintah Korea Utara menolak pembicaraan damai dengan Korea Selatan.
북한 정부는 남한과의 평화 회담을 거절했습니다.

인 도 네 시 아 어 OPI

필수 문법

baru : ① (형용사) 새로운 ② (부사) 막 / 금방

01 Hari ini masih beum ada kabar **baru** tengang masalah itu.
오늘 그 문제에 대한 **새로운** 기사가 아직 없습니다.

02 Saya **baru** datang di tempat ujian.
저는 **막** 시험장에 도착했습니다.

예시 미리보기

MP3 Track 17-01-03

Waktu hubungan baik 우호적 관계일 때

Q : Bagaimana situasi antara Korea Selatan dan Korea Utara untuk dewasa ini?

요즘 남한과 북한 사이의 상황은 어떤가요?

A : Pada tahun 2018, setelah kedua pemimpin ini bertemu dan menyepakati rencana kerjasama, pertemuan kedua pihak mendadak terhenti sebab Korea Utara menolak semua kerjasama. Namun, akhir-kahir ini pemerintah Korea Utara menyambut undangan dari pemerintah Korea Selatan dengan sikap baik. Dengan ini, hubungan antara kedua negara semakin dekat.

2018년 두 정상이 만나 협력 방안에 합의한 후에 북한이 갑자기 모든 협력을 거절하면서 양국의 만남이 갑자기 멈췄습니다. 하지만, 최근에 북한 정부는 긍정적으로 남한 정부의 초청에 응했습니다. 이로써 최근 양국 관계는 점점 가까워지고 있습니다.

Q : Bagaimana pendapat Anda tentang situasi antara kedua negeri?

양국에 대한 당신의 생각은 어떤가요?

A : Berita mengenai Korea Selatan dan Korea Utara selalu menjadi isu di bangsa kami. Selama situasi kedua negara tidak baik, masyarakat Korea sangat khawatir. Sekarang saya merasa senang karena kedua pihak mulai berkomunikasi lagi. Saya berharap kedua pemimpin dapat bertemu sementara lagi untuk mendamaikan situasi kedua negeri ini.

남한과 북한에 대한 기사는 우리 국민에게 항상 이슈가 됩니다. 양국의 관계가 좋지 않은 동안, 한국 사회는 굉장히 걱정했습니다. 현재는 양측이 다시 이야기를 시작하여 제 기분이 좋습니다. 저는 양국 정상이 양국 상황의 평화를 위해 빠른 시일 내에 만났으면 좋겠습니다.

예시 미리보기

MP3 Track 17-01-04

Waktu hubungan tidak baik 좋지 않은 관계일 때

Q : Bagaimana situasi di semenanjung Korea untuk baru-baru ini?
최근 한반도의 상황은 어떤가요?

A : Korea Utara belakangan ini menyuarakan kemarahan atas rencana latihan militer antara Korea Selatan dan Amerika. Namun, Korea Selatan dan Amerika menolak membatalkan latihan militer yang dilaksanakan secara rutin. Hal ini menambah ketegangan di semenanjung Korea, karena Korea Utara mengancam bahwa akan melanjutkan uji coba rudal.
최근 북한은, 남한과 북한 사이의 군사 훈련 계획에 대해 불만의 목소리를 냈습니다. 하지만 남한과 미국은 정기적으로 진행되는 군사 훈련을 취소하는 것을 거절하였습니다. 이 문제는 한반도의 긴장을 더했는데, 북한이 미사일 실험을 진행할 것이라고 위협하고 있기 때문입니다.

Q : Apakah Anda setuju dengan latihan militer yang sedang dilaksanakan?
당신은 현재 진행 중인 군사 훈련에 동의하나요?

A : (찬성) Sebagai orang yang berkebangsaan Korea, saya khawatir melihat ketegangan yang semakin meningkat di semenanjung Korea. Walaupun tensi makin meningkat, saya berpendapat latihan militer harus dilaksanakan untuk memperkuat tentara negara Korea Selatan.
한국인으로서, 한반도의 점점 상승하는 긴장 상태를 보는 것이 겁이 납니다. 상황이 점점 고조되고는 있지만 남한의 군시력 강화를 위해 군사 훈련은 빈드시 진행되어야 한다고 생각합니다.

(반대) Saya tidak dapat mengerti mengapa latihan militer yang selalu meningkat ketegangan antara kedua Korea harus dilaksanakan setiap tahun. Jika pemerintah Korea Selatan menginginkan perdamaian sesungguhnya, menurut saya harus menghentikan latihan militer itu.
저는 왜 항상 두 한국의 긴장을 고조시키는 군사 훈련이 매년 진행되어야 하는지 이해할 수 없습니다. 만약 한국 정부가 진정한 평화를 원한다면, 제 생각에 그 군사 훈련을 반드시 멈춰야 합니다.

예시 미리보기

MP3 Track 17-01-05

Hubungan dengan Amerika 미국과의 관계

Q : Bagaimana hubungan antara Korea Utara dan Amerika?

북한과 미국 사이의 관계는 어떻습니까?

A : Pemimpin Korea Utara dan presiden Ameirka sudah bertemu sebanyak tiga kali sejak konferensi tingkat tinggi pertama yang diadakan di Singapura pada Juni 2018. Namun, dialog itu terhenti setelah pertemuan tingkat tinggi di Hanoi, Vietnam pada Februari 2019 yang tidak mencapai kesepakatan.

북한의 지도자와 미국 대통령이 2018년 6월 싱가포르에서 개최된 첫 번째 정상 회담 이래로 세 번 만났습니다. 그럼에도 불구하고 그 대화는 합의에 도달하지 못한 2019년 2월 베트남 하노이에서의 정상 회담 이후로 멈추었습니다.

Q : Menurut Anda apakah hubungan antara kedua negara penting?

당신 생각에 양국의 관계는 중요한가요?

A : (찬성) Menurut saya hubungan itu sangat penting karena Amerika adalah negara besar. Penentuan Amerika bisa mengubah situasi dunia. Jika mereka bersama bergerak dengan tujuan yang baik sehingga dapat mewujudkan perdamaian di dunia.

미국은 강대국이기 때문에 그 관계가 굉장히 중요하다고 생각합니다. 미국의 결정은 세계 상황을 변화시킬 수 있기 때문입니다. 그들이 좋은 방향으로 함께 움직인다면 세계 평화를 향해 나아갈 수 있을 것입니다.

(반대) Menurut saya hubungan antara Korea Selatan dan Utara lebih penting. Korea Selatan dan Korea Utara merupakan satu bangsa dan menggunakan bahasa yang sama sehingga memiliki budaya yang hampir sama. Saya berpikir hal ini dapat mempermudah kedua pihak agar saling mengerti.

저는 남한과 북한과의 관계가 더 중요하다고 생각합니다. 남한과 북한은 한 민족이고 같은 언어를 쓰기 때문에 비슷한 문화를 가지고 있습니다. 제 생각에 이 부분은 양측이 서로 이해하는 것을 더 쉽게 만들 수 있기 때문입니다.

직접 연습하기

아래 한글 해석을 보고 밑줄에 들어갈 알맞은 말을 쓰세요.

1. 최근 동향

Pada tahun 2018, setelah kedua pemimpin bertemu dan menyepakati rencana kerja sama, pertemuan kedua pihak mendadak terhenti sebab Korea Utara ________________. Namun, akhir-kahir ini pemerintah Korea Utara menyambut undangan dari pemerintah Korea Selatan dengan sikap baik. Dengan ini, ________________ semakin dekat.

2018년 두 정상이 만나 협력 방안에 합의한 후 북한이 모든 협력을 거절하면서 양국의 만남이 갑자기 멈췄습니다. 하지만, 최근에 북한 정부는 긍정적으로 남한 정부의 초청에 응했습니다. 이로써 양국의 관계는 점점 가까워지고 있습니다.

2. 찬성 의견

Sebagai orang yang berkebangsaan Korea, saya khawatir melihat ketegangan yang semakin meningkat di ________________. Walaupun tensi makin meningkat, saya berpendapat latihan militer harus dilaksanakan untuk ________________.

한국인으로서, 한반도의 점점 상승하는 긴장 상태를 보는 것이 겁이 납니다. 상황이 점점 고조되고는 있지만 남한의 군사력 강화를 위해 군사 훈련은 반드시 진행되어야 한다고 생각합니다.

3. 반대 의견

Menurut saya hubungan antara Korea Selatan dan Utara lebih penting. Korea Selatan dan Korea Utara ________________ dan menggunakan bahasa yang sama sehingga memiliki budaya yang hampir sama. Saya berpikir hal ini dapat mempermudah kedua pihak agar ________________.

저는 남한과 북한과의 관계가 더 중요하다고 생각합니다. 남한과 북한은 한 민족이고 같은 언어를 쓰기 때문에 비슷한 문화를 가지고 있습니다. 제 생각에 이 부분은 양측이 서로 이해하는 것을 더 쉽게 만들 수 있기 때문입니다.

정답

1. menolak semua kerja sama / hubungan antara kedua negara
2. semenanjung Korea / memperkuat tentara negara Korea Selatan
3. merupakan satu bangsa / saling mengerti

실전 연습하기

남북 문제와 관련된 기사를 읽고 최근 동향과 본인의 답변을 정리해 보세요.

[사실] Tolong ceritakan hubungan antara Korea Selatan dan Korea Utara untuk saat ini.

[해결 방안] Cara apa untuk menangani situasi tersebut?

[나의 의견] Bagaimana pendapat Anda mengenai situasi itu?

한류 열풍

"Tolong ceritakan salah satu tren dari Korea."

한국의 트렌드 중 하나를 골라 이야기해 보세요.

들어가기

한류 열풍은 음악, 드라마, 영화, 문화 등 다양한 분야에 걸쳐 있기 때문에 출제될 확률이 높습니다. 특히 자신이 좋아하는 분야에서 시작해 점점 분야를 확대해 가면 보다 쉽게 답변을 준비할 수 있습니다.

완벽! 가이드라인

MP3 Track 17-02-01

한류는 대중 매체를 거쳐 전세계에 K-pop 문화를 통해 확산된 한국 열풍 현상입니다. 오늘날에는 한류에 K-pop, K-drama나 K-film 부분만이 아니라 화장품이나 전자제품 등과 같은 한국 제품도 포함됩니다.

제 생각에 한류가 외국인에게 사랑 받는 이유는 한국 콘텐츠가 양질이기 때문입니다. K-pop 분야를 예를 들면 아이돌이 되기 위한 경쟁이 치열하며 데뷔 전의 모든 연습을 견뎌야만 합니다. 이로 인해 전문적인 한국 아이돌이 전세계의 사랑을 받을 수 있다고 생각합니다.

Hallyu merupakan fenomena demam Korea yang disebarkan melalui budaya K Pop ke seluruh dunia lewat media massa. Masa sekarang, hallyu bukan hanya bagian K-pop, K-drama, atau K-film saja tetapi juga termasuk produk Korea seperti produk kecantikan, produk eletronik dan lain-lainnya.

Menurut saya hallyu dicintai oleh orang asing karena konten Korea berkualitas tinggi. Misalnya di bagian K-pop, persaingan menjadi I-dol sangat ketat dan harus bertahan-tahan segala latihan sebelum debut. Dengan ini, saya rasa I-dol Korea yang professional dapat dicintai seluruh dunia.

필수 어휘

MP3 Track 17-02-02

hallyu	한류	pengangguran	실업
demam Korea	한류	persaingan	경쟁
film	영화	kerusakan moral	도덕적 해이
drama	드라마	kesenjangan sosial	사회 격차
musik	음악	tutor	가정교사
bintang film	영화배우	meraih	성취하다 / 획득하다
artis	연예인	memutar	돌리다 / 상영하다
media massa	대중매체	tersebar	퍼지다 / 유포되다
kebudayaan	문화	terlaris	가장 인기있는
Asia Tenggara	동남아시아	mencerminkan	반영하다 / 비추다
jaringan internet	인터넷 통신망	mencintai	~을 사랑하다
komedi gelap	블랙 코미디	merupakan	~이다
bahan alami	천연 재료	menutupi	덮다 / 감추다
ramah lingkungan	친환경	mengubah	바꾸다
produk kecantikan	화장품	ketat	단단한 / 엄격한
operasi plastik	성형수술	bertahan-tahan	버티다 / 견디다

필수 패턴

이슈 설명하기

01 Menurut saya hallyu dicintai oleh orang asing karena konten Korea berkualitas tinggi.
제 생각에 한국 콘텐츠의 품질이 좋기 때문에 한류는 외국인에게 사랑을 받습니다.

02 Jika membicarakan situasi di korea, biaya operasi plastik relatif tidak mahal.
한국의 상황을 말한다면 성형 비용이 비교적 비싸지 않습니다.

03 Kesan saya, film ini menunjukkan kerusakan moral masyarakat.
제 감상은 이 영화가 사회의 도덕적 해이를 보여줬다는 것입니다.

04 Saya rasa I-dol Korea yang professional dapat dicintai seluruh dunia.
저는 전문적인 한국의 아이돌이 세계적인 사랑을 받을 수 있다고 느낍니다.

한류

01 Hallyu merupakan fenomena demam Korea yang disebarkan melalui budaya K Pop ke seluruh dunia.
한류는 전세계로 K-pop 문화를 통해 확산된 한국 열풍 현상입니다.

02 film Parasite menjadi film Aisa pertama yang meraih film terbaik Oscar.
영화 '기생충'은 오스카 최고작품상을 받은 최초의 아시아 영화가 되었습니다.

03 Produk kosmetik Korea menggunakan bahan-bahan alami dan ramah lingkungan.
한국의 화장품은 천연 및 친환경 재료를 사용합니다.

인도네시아어 OPI

필수 문법

paling / ter- : (최상급) 가장 ~한

01 Lagu idol itu terpilih sebagai lagu **paling** populer sepanjang tahun 2022.
그 아이돌의 노래는 2022년 **가장** 인기 있는 노래로 선정되었습니다.

02 Film 'Parasite' adalah film korea **ter**laris tahun 2019.
영화 '기생충'은 2019년에 **가장** 흥행한 한국 영화입니다.

예시 미리보기

MP3 Track 17-02-03

Definisi Hallyu 한류의 정의

Q : Apa itu hallyu?

한류란 무엇인가요?

A : Hallyu merupakan fenomena demam Korea yang disebarkan melalui budaya K-Pop ke seluruh dunia lewat media massa seperti jaringan internet dan televisi. Masa sekarang, hallyu bukan hanya bagian K-pop, K-drama, atau K-film saja tetapi juga termasuk produk Korea seperti produk kecantikan, produk eletronik dan lain-lainnya.

한류는 인터넷, 텔레비전 같은 대중매체를 거쳐서 K-pop 문화를 시작으로 전세계에 확산된 한국 열풍 현상입니다. 오늘날에는 한류에 K-pop, K-drama나 K-film 부분만이 아니라 화장품이나 전자제품 등과 같은 한국 제품도 포함됩니다.

Q : Menurut Anda mengapa hallyu dicintai oleh orang asing?

당신의 생각에 한류가 외국인에게 사랑 받는 이유는 무엇인가요?

A : Menurut saya hallyu dicintai oleh orang asing karena konten Korea berkualitas tinggi. Misalnya di bagian K-pop, persaingan menjadi idol sangat ketat dan harus bertahan-tahan segala latihan sebelum debut. Dengan ini, saya rasa idol Korea yang professional dapat dicintai seluruh dunia.

제 생각에 한류가 외국인에게 사랑 받는 이유는 한국 콘텐츠의 높은 품질 때문입니다. K-pop 분야를 예를 들면 아이돌이 되기 위한 경쟁은 치열하며 데뷔 전의 모든 연습을 견뎌야만 합니다. 이로 인해 전문적인 한국 아이돌이 전세계의 사랑을 받을 수 있다고 생각합니다.

예시 미리보기

MP3 Track 17-02-04

Hallyu K-drama/K-film 한류 드라마/영화

Q : Tolong rekomendasikan drama atau film Korea yang terlaris.

가장 흥행한 한국 드라마나 영화를 추천해 주세요.

A : Saya ingin merekomendasikan film 'Parasite'. Karena film Korea ini film Aisa pertama yang meraih film terbaik Oscar. Jenis film ini komedi gelap dan menceritakan 4 orang anggota keluarga yang sedang pengangguran. Anak laki-laki dari anggota keluarga ini mulai bekerja sebagai tutor di rumah kelaurga kaya. Lama-lama, semua anggota keluarga yang miskin mendapat pekerjaan di rumah keluarga kaya itu secara tidak normal. Dengan cerita yang saya jelaskan, film ini mencerminkan kesenjangan sosial antara kaya dan miskin.

저는 영화 '기생충'을 추천하고 싶습니다. 왜냐하면 이 한국 영화는 오스카 최고작품상을 받은 최초의 아시아 영화이기 때문입니다. 이 영화의 장르는 블랙 코미디이고 실업 중인 4명의 가족에 대해 이야기하고 있습니다. 이 가족 구성원의 아들은 부유한 가족의 집에서 가정 교사로 일하기 시작합니다. 시간이 지나 가난한 가족 모두는 그 부유한 가족의 집에서 비정상적인 방법으로 일자리를 얻게 됩니다. 제가 설명한 이야기를 바탕으로 이 영화는 빈부 간의 사회 격차를 나타내고 있습니다.

Q : Apa kesan Anda tentang film 'Parasite'?

'기생충' 영화에 대한 당신의 감상은 어떤가요?

A : Kesan saya, film ini menunjukkan kerusakan moral masyarakat. Keluarga miskin sama sekali tidak merasa bersalah selama mereka mendapat pekerjaan secara tidak masuk akal. Mereka malah lebih berani melakukannya selama cerita ini berjalan. Setelah selesai menonton ini, saya sempat berpikir apakah sosial nyata juga sudah seperti film ini tetapi kita tidak menyadarinya.

제 감상은, 이 영화가 사회의 도덕적 해이를 보여줬다는 것입니다. 가난한 가족은 정상적이지 않은 방법으로 일자리를 얻으면서 전혀 잘못을 느끼지 못합니다. 이 이야기가 진행되면서 그들은 오히려 더 용기 있게 잘못을 저지릅니다. 이 영화를 다 보고 나서, 저는 실제 사회도 이미 이 영화와 같은데 우리가 느끼지 못하는 것은 아닌지 생각해 보게 되었습니다.

예시 미리보기

MP3 Track 17-02-05

Hallyu K–beauty 한류 뷰티

Q : Mengapa produk kecantikan Korea diminati wanita di dunia?

왜 한국 화장품이 세계의 여성들에게 관심을 받을까요?

A : Produk Korea dibuat dari bahan-bahan alami dan ramah lingkungan. Walaupun memiliki bahan-bahan alami, produk kecantikan Korea dijual dengan harga yang relatif murah. Menurut saya hal-hal seperti ini dapat dicintai wanita di dunia.

한국의 제품은 천연 및 친환경 재료로 만들어집니다. 천연 재료를 사용함에도 불구하고, 한국의 화장품은 비교적 저렴한 가격에 판매됩니다. 저는 이러한 점들이 세계의 여성들에게 사랑 받을 수 있는 이유라고 생각합니다.

Q : Apa penyebab operasi plastik digemari oleh masyarakat?

성형 수술이 사회에서 선호되는 이유는 무엇일까요?

A : Jika membicarakan situasi di korea, biaya bedah plastik relatif tidak mahal serta klinik operasi plastik sudah cukup banyak terutama di Gangnam dan lain-lain. Apalagi teknik operasi plastik di Korea sudah sangat canggih. Sehingga orang-orang dapat mengubah atau menutupi kekurangan pada wajah jika mereka ingin menjalaninya.

한국의 상황을 이야기한다면, 성형 수술 비용이 비교적 비싸지 않고, 강남 등과 같은 곳을 중심으로 성형외과가 충분히 많습니다. 게다가 한국의 성형 기술은 굉장히 좋습니다. 따라서 그들이 원할 경우 사람들은 얼굴의 약점을 바꾸거나 가릴 수 있습니다.

직접 연습하기

아래 한글 해석을 보고 밑줄에 들어갈 알맞은 말을 쓰세요.

1. 최근 동향

Hallyu ________________ yang disebarkan melalui budaya K-Pop ke seluruh dunia lewat media massa seperti jaringan internet dan televisi. Masa sekarang, hallyu bukan hanya bagian K-pop, K-drama, atau K-film saja tetapi juga ________________ seperti produk kecantikan, produk eletronik dan lain-lainnya.

한류는 인터넷, 텔레비전 같은 대중매체를 거쳐서 K-pop 문화를 시작으로 전세계에 확산된 한국 열풍 현상입니다. 오늘날에는 한류가 K-pop, K-drama나 K-film 부분만이 아니라 화장품이나 전자제품 등과 같은 한국 제품도 포함됩니다.

2. 느낀 점

Kesan saya, film ini menunjukkan kerusakan moral masyarakat. Keluarga miskin sama sekali tidak merasa bersalah selama mereka mendapat pekerjaan ________________. Mereka malah lebih berani melakukannya selama cerita ini berjalan. Setelah selesai menonton ini, ________________ apakah sosial nyata juga sudah seperti film ini tetapi kita tidak menyadarinya.

제 감상은, 이 영화가 사회의 도덕적 해이를 보여줬다는 것입니다. 가난한 가족은 정상적이지 않은 방법으로 일자리를 얻으면서 전혀 잘못을 느끼지 못합니다. 이 이야기가 진행되면서 그들은 오히려 더 용기 있게 잘못을 저지릅니다. 이 영화를 다 보고 나서, 저는 실제 사회도 이미 이 영화와 같은데 우리가 느끼지 못하는 것은 아닌지 생각해 보는 기회가 되었습니다.

3. 의견

Jika membicarakan situasi di korea, biaya operasi plastik relatif tidak mahal serta klinik operasi plastik sudah cukup banyak terutama di gangam dan lain-lain. Apalagi ________________ sudah sangat canggih. Sehingga orang-orang dapat mengubah atau menutupi ________________ jika mereka ingin menjalaninya.

한국의 상황을 이야기한다면, 성형수술 비용이 비교적 비싸지 않고, 강남 등과 같은 곳을 중심으로 성형외과가 충분히 많습니다. 게다가 한국의 성형 기술은 굉장히 좋습니다. 따라서 그들이 원할 경우 사람들은 얼굴의 약점을 바꾸거나 가릴 수 있습니다.

정답

1. merupakan fenomena demam Korea / termasuk produk Korea
2. secara tidak masuk akal / saya sempat berpikir
3. teknik operasi plastik di Korea / kekurangan pada wajah

실전 연습하기

한류와 관련된 기사를 읽고 최근 동향과 본인의 답변을 정리해 보세요.

[사실] Tolong ceritakan isu hangat mengenai hallyu.

[원인] Mengapa hallyu itu sedang hangat?

[흐름] Bagaimana hal itu berjalan?

[나의 의견] Apa pendapat Anda mengenai hal itu?

Bab

18

인도네시아 현안

1. 자연재해

2. 수도 이전

자연재해

"Tolong ceritakan salah satu berita terbaru di Indonesia."

최신 인도네시아 소식 중 하나를 이야기해 보세요.

들어가기

인도네시아의 자연재해는 가장 쉽게 접근할 수 있는 이슈 중 하나입니다. 지진, 홍수 등과 같은 자연재해가 자주 발생하기 때문에 언제든지 현재 이슈로 출제될 수 있는 주제입니다.

완벽! 가이드라인

MP3 Track 18-01-01

지난 주에 하룻동안 자카르타 지역에 폭우가 내렸습니다. 자카르타 지역의 폭우는 몇몇 큰 길과 주거지가 홍수로 잠기는 원인이 되었습니다.

인도네시아는 제법 많은 강수량으로 인해 홍수가 자주 발생합니다. 이외에도 자카르타의 표면이 기존에 비교해 40m 정도 내려 앉았는데 지하수를 식수로 이용하기 때문입니다. 이 문제는 자카르타가 더 빨리 홍수에 잠기게 만듭니다.

제 생각에 홍수는 우리가 방지할 수 있고 위험을 최소화할 수 있는 자연재해입니다. 이를 위해서 정부가 더 나은 방법으로 시스템을 개발하는 등의 많은 노력이 필요합니다.

Pada minggu lalu seharian hujan lebat turun di wilayah Jakarta. Hujan deras di wilayah Jakarta menyebabkan beberapa jalan raya dan kompleks rumah terendam banjir.

Permukaan tanah di Jakarta sudah turun 40 meter dari asalnya, sebab air tanah digunakan air minum. Hal ini membuat Jakarta lebih cepat terendam banjir.

Menurut saya, banjir merupakan bencana alam yang bisa kita cegah dan minimalkan risikonya. Untuk itu, pemerintah harus melakukan banyak upaya seperti mengembangkan sistem saluran air yang lebih maju dan lain-lainnya.

필수 어휘

MP3 Track 18-01-02

bencana	재해	kebakaran	화재
bencana alam	자연재해	Pemadam Kebakaran	소방관
hujan lebat	폭우	mengguncang	뒤흔들다
hujan desras	폭우	berkekuatan	힘 있는
angin kencang	강풍	pengungsi	피난민
angin ribut	강풍 / 돌풍	selamat	안전한
topan	허리케인	penyelamat	생존자
gempa (bumi)	지진	menyelamatkan	구조하다
skala	규모	tenggelam	가라앉다 / 침몰하다
korban	피해자	terendam	물에 잠기다
gunung api	화산	hancur	무너지다
kabut	안개	membantu	돕다
asap kawah	분화구 연기	tanah longsor	산사태 / 지반 침수
letusan	분화 / 분출	menyumbang	기부하다
erupsi	분화 / 분출	sumbangan	기부
banjir	범람하다 / 홍수	suka rela	자원봉사

인 도 네 시 아 어 OPI

필수 패턴

이슈 설명하기

01 Akhir-akhir ini saya sudah membaca berita tentang banjir di Jakarta.
최근에, 저는 자카르타의 홍수와 관련한 기사를 읽었습니다.

02 Pagi ini saya sempat menonton berita di TV mengenai erupsi Gunung Merapi.
오늘 아침에 므라삐 화산 분출에 관한 텔레비전 뉴스를 볼 시간이 있었습니다.

03 Belakangan ini saya sering terdengar berita tentang gempa bumi di Bali.
최근에 저는 발리 지진에 관한 뉴스를 자주 듣습니다.

04 Saya merasa sedih membaca berita tentang pengungsi gempa bumi.
지진 피난민에 대한 기사를 읽는데 슬픔을 느꼈습니다.

자연재해

01 Hujan deras yang di wilayah Jakarta menyebabkan beberapa jalan raya terendam banjir.
자카르타 지역의 폭우로 몇몇 큰 길이 홍수에 잠겼습니다.

02 Gempa sering terjadi di Indonesia karena Indonesia terletak di wilayah cincin api pasifik.
인도네시아는 환태평양 조산대(불의 고리)에 위치해 있어서 지진이 자주 발생합니다.

03 Indonesia memiliki 127 gunung api yang aktif.
인도네시아는 127개의 활화산이 있습니다.

인 도 네 시 아 어 OPI

필수 문법

Saya berharap ~ : 저는 ~을 소망합니다. 저는 ~을 기원합니다.

Semoga~ : ~를 바랍니다.

01 **Saya berharap** semua hal berjalan dengan lancar.
모든 것이 잘 진행되길 **기원합니다**.

02 **Semoga** hari Anda menyenangkan.
좋은 하루 보내시기 **바랍니다**.

예시 미리보기

MP3 Track 18-01-03

Bencana banjir 홍수

Q : Tolong jelaskan isu yang terbaru tentang Indonesia.

인도네시아에 관한 최신 이슈에 대해 설명해 주세요.

A : Pada minggu lalu seharian hujan lebat turun di wilayah Jakarta. Hujan deras di wilayah Jakarta menyebabkan beberapa jalan raya dan kompleks rumah terendam banjir.

지난 주에 하룻동안 자카르타 지역에 폭우가 내렸습니다. 자카르타 지역의 폭우는 몇몇 큰 길과 주거지가 홍수로 잠기게 되는 원인이 되었습니다.

Q : Apa panyebab banjir di Jakarta?

자카르타 홍수의 원인은 무엇인가요?

A : Permukaan tanah di Jakarta sudah turun 40 meter dari asalnya, sebab air tanah digunakan air minum. Hal ini membuat Jakarta lebih cepat terendam banjir.

이외에도 자카르타의 표면이 기존에 비교해 40m 정도 내려 앉았는데 지하수를 식수로 이용하기 때문입니다. 이 문제는 자카르타가 더 빨리 홍수에 잠기게 만듭니다.

Q : Tolong berikan solusi menghadapi banjir di Jakarta.

자카르타 홍수에 대한 해결 방안을 알려주세요.

A : Menurut saya, banjir merupakan bencana alam yang bisa kita cegah dan minimalkan risikonya. Untuk itu, Pemerintah harus melakukan banyak upaya seperti mengembangkan sistem saluran air yang lebih maju dan lain-lainnya.

제 생각에 홍수는 우리가 지킬 수 있고 위험을 최소화할 수 있는 자연재해입니다. 이를 위해서 정부가 더 나은 방법으로 시스템을 개발하는 등의 많은 노력이 필요합니다.

예시 미리보기

MP3 Track 18-01-04

Bencana gempa bumi 지진

Q : Silakan ceritakan salah satu isu Indonesia yang hangat.
최근 유명한 인도네시아 이슈 중 하나를 이야기해 주세요.

A : Minggu lalu, gempa bumi bermagnitudo 5,2 mengguncang Bali. Walaupun gempa kali ini tidak berpotensi tsunami, gempa tersebut menyebabkan kerusakan sejumlah bangunan.
지난 주에 5.2 규모의 지진이 발리를 뒤흔들었습니다. 이번 지진이 쓰나미를 일으킬 가능성은 없지만 해당 지진은 일부 건물 파손의 원인이 되었습니다.

Q : Mengapa Indonesia sering terjadi gempa bumi?
왜 인도네시아에는 지진이 자주 발생하나요?

A : Gempa bumi sering terjadi di Indonesia karena Indonesia terletak di wilayah cincin api pasifik.
인도네시아는 환태평양 조산대에 위치해 있기 때문에 지진이 자주 발생합니다.

Q : Apa pendapat Anda mengenai gempa yang terjadi?
지진 발생에 대한 당신의 의견은 무엇인가요?

A : Pertama kali saya membaca berita ini saya merasa sangat sedih. Dulu saya pernah pergi ke Indonesia sebagai sukarelawan untuk membantu korban bencana alam. Bencana kali ini mengingatkan saya waktu itu.
제가 처음 이 기사를 읽었을 때에 굉장히 슬펐습니다. 예전에 저는 자연재해 피해자들을 돕기 위해 자원봉사자로 인도네시아에 간 적이 있습니다. 이번 자연재해는 저에게 그때를 떠오르게 했습니다.

예시 미리보기

MP3 Track 18-01-05

Bencana gunung api 화산

Q : Apakah Anda sudah tahu erupsi Gunung Agung yang terjadi minggu lalu?

당신은 지난 주에 발생한 아궁 화산의 분출에 대해 알고 있나요?

A : Iya. Erupsi Gunung Agung terjadi pada hari Minggu, 1 Maret 2020. Kepulan asap tebal kurang lebih 3.500m sehingga Bandara Ngurah Rai sedang ditutup. Untuk evakuasi ratusan warga Korea, pemerintah Korea mengirim pesawat ke Bali.

네. 아궁 화산의 분출이 2020년 3월 1일 일요일에 발생했습니다. 3,500m 정도 두께의 짙은 연기로 인해 응우라 라이 공항이 폐쇄되었습니다. 수백 명의 한국인 대피를 위해, 한국 정부는 발리에 비행기를 보냈습니다.

Q : Mengapa Indonesia sering terjadi bencana gunung api?

인도네시아에 화산 재해가 자주 발생하는 이유가 무엇인가요?

A : Indonesia memiliki banyak gunung api sebab terletak di wilayah cincin api pasifik. Tambah lagi, Indonesia memiliki 127 gunung api yang aktif.

인도네시아는 환태평양 조산대에 위치해 있어 많은 화산이 있습니다. 덧붙이자면 인도네시아는 127개의 활화산을 가지고 있습니다.

Q : Bagaimana pendapat Anda?

당신의 의견은 어떤가요?

A : Waktu saya membaca berita ini, saya cukup kaget karena Indonesia memiliki banyak gunung api aktif. Saya berharap tidak ada lagi erupsi gunung api seperti kali ini.

처음 이 기사를 읽었을 때 저는 인도네시아에 많은 활화산이 있다는 사실에 놀랐습니다. 저는 인도네시아에 이번과 같은 화산 분출이 다시 없기를 기원합니다.

직접 연습하기

아래 한글 해석을 보고 밑줄에 들어갈 알맞은 말을 쓰세요.

1. 최근 동향 1

Pada minggu lalu seharian hujan lebat turun di wilayah Jakarta. Hujan deras di wilayah Jakarta menyebabkan beberapa jalan raya dan kompleks rumah terendam banjir. Permukaan tanah di Jakarta sudah turun 40 meter dari asalnya, ____________________. Hal ini membuat Jakarta lebih cepat ____________________.

지난 주에 하루 동안 자카르타 지역에 폭우가 내렸습니다. 자카르타 지역의 폭우는 몇몇 큰 길과 주거지가 홍수로 잠기게 되는 원인이 되었습니다. 자카르타의 표면이 기존에 비교해 40m 정도 내려 앉았는데 지하수를 식수로 이용하기 때문입니다. 이 문제는 자카르타가 더 빨리 홍수에 잠기게 만듭니다.

2. 최근 동향 2

____________________ terjadi pada hari Minggu, 1 Maret 2020. Kepulan asap tebal kurang lebih 3.500m sehingga Bandara Ngurah Rai sedang ditutup. ____, pemerintah Korea mengirim pesawat ke Bali.

아궁 화산의 분출이 2020년 3월 1일 일요일에 발생했습니다. 3,500m 정도 두께의 짙은 연기로 인해 응우라 라이 공항이 폐쇄되었습니다. 수백 명의 한국인 대피를 위해, 한국 정부는 발리에 비행기를 보냈습니다.

3. 의견 말하기

Pertama kali saya membaca berita ini, ____________________. Dulu saya pernah pergi ke Indonesia ____________________ untuk membantu korban bencana alam. Bencana kali ini mengingatkan saya waktu itu.

제가 처음 이 기사를 읽었을 때에 굉장히 슬펐습니다(슬픔을 느꼈습니다). 예전에 저는 자연재해 피해자들을 돕기 위해 자원봉사자로 인도네시아에 간 적이 있습니다. 이번 자연재해는 저에게 그때를 떠오르게 했습니다.

정답

1. sebab air tanah digunakan air minum / terendam banjir
2. Erupsi Gunung Agung / Untuk evakuasi ratusan warga Korea
3. saya merasa sangat sedih / sebagai sukarelawan

실전 연습하기

자연재해와 관련된 기사를 읽고 최근 동향과 본인의 답변을 정리해 보세요.

[사실] Tolong ceritakan salah satu isu terbaru di Indonesia.

[원인] Apa penyebab bencana alam terjadi?

[해결 방안] Cara apa untuk menangani bencana tersebut?

[나의 의견] Bagaimana pendapat Anda mengenai bencana itu?

수도 이전

"Tolong ceritakan isu pemindahan ibu kota di Indonesia."

인도네시아의 수도 이전 이슈에 대해 이야기해 보세요.

들어가기

수도 이전은 인도네시아의 최근 이슈이자 앞으로 계속해서 진행될 장기 정책이므로, 진행 과정에 대해 알아야 합니다. 주제의 특성상 새로운 어휘가 다소 있으므로 유의하여 학습해야 합니다.

완벽 ! 가이드라인

MP3 Track 18-02-01

자카르타는 세계에서 가장 막히는 곳으로 알려져 있습니다. 이러한 교통 체증으로 인해 연료 사용량이 굉장히 많습니다. 이외에도, 인도네시아 인구의 50% 이상이 자와 섬에 살아서 정부는 자와 섬의 밀집도를 줄여야만 합니다. 자와 섬은 또한 홍수, 지반 침수 등의 자연재해를 종종 겪기도 합니다.

제 생각에 수도 이전에 대해서는 또 다른 선택권이 없다고 생각합니다. 자연재해는 자와 섬의 여러 지역에서 피하기 힘든 현실입니다. 또한 고르지 못한 인구는 교통 체증이나, 사회적 불평등, 환경 파괴 등의 원인이 될 것입니다. 그래서 자와 섬 밖으로 수도를 이전하는 계획에 상당히 동의합니다.

Jakarta dikenal sebagai salah satu kota termacet di dunia. Karena kemacetan ini, penggunaan bahan bakar sangat tinggi. Selain itu, lebih dari 50 % penduduk Indonesia tinggal di pulau Jawa sehingga pemerintah harus mengurangi beban kepadatan di pulau Jawa. Pulau Jawa juga sering mengalami bencana alam seperti kebanjiran, penurunan tanah, dan sebagainya.

Menurut saya, mengenai pemindahan ibu kota sudah tidak ada pilihan lain. Bencana alam merupakan realitas yang susah dihindari bagi sejumlah daerah di pulau Jawa. Kemudian penduduk yang tidak merata akan menyebabkan berbagai masalah seperti kemacetan, ketimpangan sosial hingga isu kerusakan lingkungan. Jadi saya sangat setuju dengan rencana pemindahan ibu kota ke luar pulau Jawa.

필수 어휘

ibu kota	수도	mengumumkan	공식화 하다
pemindahan ibu kota	수도 이전	memindahkan	옮기다 / 이전하다
dunia	세계 / 지구	memutuskan	결정하다 / 확정하다
kemacetan	교통 체증	menghindari	멀리하다 / 피하다
penduduk	인구	merata	균등해지다
kepadatan	과밀 / 밀도	menyebabkan	~의 원인이 되다
ketimpangan sosial	사회적 불평등	setuju	동의하다
kerusakan lingkungan	환경 파괴	memilih	선택하다
geografis	지리적인	memudahkan	용이하게 하다
bebas	자유로운	membutuhkan	필요로 하다
sedikit-sedikit	조금씩	berkembang	발전하다
jalur	줄 / 선	mengembangkan	발전시키다
kerja sama	협력 / 협동	menawarkan	제안하다
infrastruktur	인프라 시설	memperkuat	강화하다
fasilitas publik	공공 시설	menyambut	화답하다 / 대답하다
pegawai negeri	공무원	membahas	토의하다

인도네시아어 OPI

필수 패턴

이슈 말하기

01 Saya ingin menjelaskan salah satu isu yang hangat untuk saat ini, yaitu pemindahan ibu kota Indonesia.
저는 최근의 뜨거운 이슈 중 하나를 설명하고 싶은데, 바로 인도네시아의 수도 이전입니다.

02 Saya pernah mendengar isu tentang Indonesia akan memindahkan ibu kota ke luar pulau Jawa.
저는 인도네시아가 자와 섬 밖으로 수도를 옮길 것이란 이슈를 들어 본 적이 있습니다.

03 Sebenarnya saya kurang tahu tentang isu itu karena saya lebih memfokuskan isu Korea.
사실 저는 한국 이슈에 더 집중하느라 그 이슈를 잘 모르겠습니다.

수도 이전

01 Jakarta dikenal sebagai salah satu kota termacet di dunia.
자카르타는 세계에서 가장 막히는 곳 중 하나로 유명합니다.

02 Menurut saya, mengenai pemindahan ibu kota, sudah tidak ada pilihan lain.
제 생각에 수도 이전에 관해서는 또 다른 선택권이 없다고 생각합니다.

03 Kalimantan bebas dari bencana alam seperti gempa bumi, gunung berapi, tsunami, banjir dan lain-lainnya
칼리만탄은 지진, 화산, 쓰나미, 홍수 등과 같은 자연재해에서 자유롭습니다.

04 Pemerintah Korea menawarkan kerja sama pemindahan ibu kota kepada pemerintah Indonesia.
한국 정부는 인도네시아 정부에 수도 이전에 대한 협력을 제안했습니다.

인도네시아어 OPI

tentang / mengenai : ~에 대한 / ~에 관한

mengenai는 좀 더 격식체로 쓰입니다.

01 Saya suka membaca berita **tentang** Indonesia.
저는 인도네시아**에 관한** 기사를 읽는 것을 좋아합니다.

02 Saya sudah menonton film dokumenter **mengenai** lingkungan hidup.
저는 환경**에 관한** 다큐멘터리 영화를 봤습니다.

예시 미리보기

MP3 Track 18-02-03

Situasi Ibu Kota Indonesia 인도네시아 수도 상황

Q : Bagaimana situasi ibu kota Jakarta untuk masa sekarang?
오늘날의 수도 자카르타 상황은 어떻습니까?

A : Jakarta dikenal sebagai salah satu kota termacet di dunia. Karena kemacetan ini, penggunaan bahan bakar sangat tinggi. Selain itu, lebih dari 50% penduduk Indonesia tinggal di pulau Jawa sehingga pemerintah harus mengurangi beban kepadatan di pulau Jawa. Pulau Jawa juga sering mengalami bencana alam seperti kebanjiran, penurunan tanah, dan sebagainya.
자카르타는 세계에서 가장 막히는 곳 중 하나로 알려져 있습니다. 이러한 교통 체증으로 인해 연료 사용량이 굉장히 많습니다. 이외에도, 인도네시아 인구의 50% 이상이 자와 섬에 살아서 정부는 자와 섬의 밀집도를 줄여야만 합니다. 자와 섬은 또한 홍수, 지반 침수 등의 자연재해를 종종 겪기도 합니다.

Q : Bagaimana pendapat Anda mengenai pemindahan ibu kota?
수도 이전에 대한 당신의 의견은 무엇인가요?

A : Menurut saya, mengenai pemindahan ibu kota sudah tidak ada pilihan lain. Bencana alam merupakan realitas yang susah dihindari bagi sejumlah daerah di pulau Jawa. Kemudian penduduk yang tidak merata akan menyebabkan berbagai masalah seperti kemacetan, ketimpangan sosial hingga isu kerusakan lingkungan. Jadi saya sangat setuju dengan rencana pemindahan ibu kota ke luar pulau Jawa.
제 생각에 수도 이전에 대해서는 또 다른 선택권이 없다고 생각합니다. 자연재해는 자와 섬의 여러 지역에서 피하기 힘든 현실입니다. 또한 고르지 못한 인구는 교통 체증이나, 사회적 불평등, 환경 파괴 등의 원인이 될 것입니다. 그래서 자와 섬 밖으로 수도를 이전하는 계획에 상당히 동의합니다.

예시 미리보기

MP3 Track 18-02-04

Alasan Penentuan Ibu Kota yang Baru 새 수도 선정 이유

Q : Indonesia memilih kota yang mana sebagai ibu kota baru?
새로운 수도로 인도네시아는 어느 도시를 선정했나요?

A : Pemerintah Indonesia memutuskan untuk memindahkan ibu kota negara ke Kalimantan. Kalimantan berada di tengah Indonesia secara geografis. Kalimantan juga bebas dari bencana alam seperti gempa bumi, gunung berapi, tsunami, banjir dan lain-lainnya.
인도네시아 정부는 칼리만탄으로 국가 수도를 이전하는 것으로 결정하였습니다. 칼리만탄은 지리적으로 인도네시아의 가운데에 있습니다. 칼리만탄은 또한 지진, 화산, 쓰나미, 홍수 등과 같은 자연재해로부터 자유롭습니다.

Q : Bagaimana rencana pemindahannya?
수도 이전 계획은 어떤가요?

A : Rencana pembangunan akan dimulai pada tahun 2020, dan pemindahan dilakukan pada tahun 2024. Selama itu para pegawai negeri akan pindah ke ibu kota baru sedikit-sedikit.
건설 계획은 2020년에 시작될 것이고 이전은 2024년에 시행될 것입니다. 그동안 공무원들은 조금씩 새로운 도시로 이주할 것입니다.

Q : Apakah Anda juga setuju dengan lokasi ibu kota yang baru?
당신은 새로운 수도 위치에 동의하나요?

A : Saya setuju dengan lokasi ibu kota yang baru. Kalimantan memiliki tidak banyak penduduk dibandingkan pulau Jawa. Apalagi, Jalur cincin api tidak melewati wilaya Kalimantan sehingga tidak ada bencana alam yang disebabkan cincin api tersebut.
저는 새로운 수도 위치에 동의합니다. 칼리만탄은 자와 섬에 비해 인구가 많지 않습니다. 게다가 칼리만탄은 불의 고리 선을 지나가지 않기 때문에 불의 고리로 인한 자연재해가 없습니다.

예시 미리보기

MP3 Track 18-02-05

Situasi ibu Kota Korea 한국 수도 상황

Q : Bagaimana situasi ibu kota di Korea?

한국 수도의 상황은 어떻습니까?

A : Situasi ibu kota Korea juga mirip dengan Jakarta karena penduduk kota Seoul pun semakin padat. Untuk mengurangi beban kepadatan, Korea sudah memindahkan ibu kota administrasi dari Seoul ke Sejong. Dengan pengalaman ini, pemerintah Korea menawarkan kerja sama pemindahan ibu kota Indonesia kepada pemerintah Indonesia.

한국의 수도 상황 역시 자카르타와 비슷한데 서울의 인구가 점점 더 과밀화되고 있기 때문입니다. 과밀화의 짐을 줄이기 위해 한국은 행정 수도를 서울에서 세종으로 옮겼습니다. 이 경험을 바탕으로 한국 정부는 인도네시아 정부에 인도네시아 수도 이전 협력을 제안했습니다.

Q : Bagaimana hasil pembangunan kota pusat administrasi?

행정 중심 도시 건설의 결과는 어떤가요?

A : Sampai sekarang, hampir semua kementerian sudah berhasil dipindahkan. Sekitar 350 ribuan penduduk juga sudah mulai tinggal di ibu kota yang baru ini.

현재까지 절반 이상의 정부 부처가 이전을 완료했습니다. 약 35만 명의 인구 역시 이 새로운 수도에 살기 시작했습니다.

Q : Bagaimana menurut Anda mengenai pemindahan kota pusat administrasi?

행정 중심 도시 이전에 대한 당신의 의견은 어떤가요?

A : Waktu mengunjungi kota Sejong, saya bisa melihat kompleks kementerian yang baru dan kebanyakan pegawai negeri. Tetapi untuk lebih banyak penduduk tinggal di sana selain pegawai negeri, saya rasa masih membutuhkan waktu sedikit lagi.

세종시를 방문했을 때 저는 새로운 정부 청사 단지와 많은 공무원들을 볼 수 있었습니다. 하지만 공무원 외의 많은 사람들이 이 곳에 정착하기 위해서는 제가 느끼기에 시간이 좀 더 필요해 보였습니다.

직접 연습하기

아래 한글 해석을 보고 밑줄에 들어갈 알맞은 말을 쓰세요.

1. 최근 동향 1

Jakarta dikenal sebagai ______________________. Karena kemacetan ini, penggunaan bahan bakar sangat tinggi. Selain itu, lebih dari 50 % penduduk Indonesia tinggal di pulau Jawa sehingga pemerintah harus mengurangi beban kepadatan di pulau Jawa. Pulau Jawa juga ___________________ seperti kebanjiran, penurunan tanah, dan sebagainya.

자카르타는 세계에서 가장 막히는 곳 중 하나로 알려져 있습니다. 이러한 교통 체증으로 인해 연료 사용량이 굉장히 많습니다. 이외에도, 인도네시아 인구의 50% 이상이 자와 섬에 살아서 정부는 자와 섬의 밀집도를 줄여야만 합니다. 자와 섬은 또한 홍수, 지반 침수 등의 자연재해를 종종 겪기도 합니다.

2. 최근 동향 2

_______________ akan dimulai pada tahun 2020, dan pemindahan dilakukan pada tahun 2024. _________________ akan pindah ke ibu kota baru sedikit-sedikit.

건설 계획은 2020년에 시작될 것이고 이전은 2024년에 시행될 것입니다. 그동안 공무원들은 조금씩 새로운 도시로 이주할 것입니다.

3. 의견 말하기

Waktu mengunjungi kota Sejong, saya bisa melihat ______________ dan kebanyakan pegawai negeri. Tetapi untuk membuat lebih banyak orang tinggal di sini selain pegawai negeri, saya rasa masih _________________.

세종시를 방문했을 때 저는 새로운 정부 청사 단지와 많은 공무원들을 볼 수 있었습니다. 하지만 공무원 외의 많은 사람들이 이곳에 정착하기 위해서는 제가 느끼기에 아직 시간이 좀 더 필요한 것 같습니다.

정답

1. salah satu kota termacet di dunia / sering mengalami bencana alam
2. Rencana pembangunan / Selama itu, para pegawai negeri
3. kompleks kementerian yang baru / membutuhkan waktu sedikit lagi

실전 연습하기

수도 이전과 관련된 기사를 읽고 최근 동향과 본인의 답변을 정리해 보세요.

[사실] Tolong ceritakan alasan pemindahan ibu kota ke luar pulau Jawa.

[원인] Apa penyebab berita tersebut?

[해결 방안 / 계획] Bagaimana rencana penyelesaiannya?

[나의 의견] Apa pendapat Anda mengenai hal itu?

Bab 19

의견 말하기

1. 유학의 순기능과 역기능

2. 플라스틱 사용과 해결 방안

3. 복지의 책임은 누구에게 있는가?

유학의 순기능과 역기능

"Apa kelebihan dan kekurangan belajar di luar negeri?"

유학의 장점과 단점은 무엇입니까?

들어가기

의견 말하기 파트는 본인의 의견을 올바른 문장으로 조리 있게 이야기해야 합니다. 질문의 의도를 잘 파악해야 하므로, 면접관의 질문 의도를 파악하지 못했을 경우 면접관과의 대화를 통해 의도를 충분히 파악한 후 대답하는 것이 좋습니다.

완벽! 가이드라인

MP3 Track 19-01-01

최근에 우리는 과거보다 더 쉽게 해외에 갈 수 있습니다. 그래서 많은 대학생들이 교환학생, 문화 교환 프로그램 등을 통한 유학 경험이 있습니다. 저 역시 대학생 때 미국에서 교환 학생 프로그램으로 공부한 경험이 있습니다.

유학을 경험해 본 사람으로서, 한국 밖에서 공부하는 것은 당연히 많은 장점이 있지만, 몇 가지 단점도 있습니다. 그럼에도 저 스스로는 해외에서 공부하는 것에 동의하는데 왜냐하면 제 생각에는 단점보다 장점이 더 크다고 느끼기 때문입니다.

Untuk masa sekarang, kita lebih mudah pergi ke negara asing daripada masa lalu. Jadi kebanyakan mahasiswa sudah berpengalaman belajar di luar negeri dengan program pertukaran mahasiswa, pertukaran budaya, dan lain-lainnya. Saya sendiri juga pernah belajar di Amerika waktu kuliah dengan program pertukaran mahasiswa.

Sebagai orang yang pernah belajar di luar negeri, belajar di luar Korea tentu memberikan banyak kelebihan, tetapi ada juga beberapa kekurangan. Namun, Saya sendiri setuju dengan belajar di negara asing karena menurut saya kelebihan lebih besar daripada kekurangan.

필수 어휘

MP3 Track 19-01-02

kelebihan	장점	kehidupan	삶
keunggulan	강점	mandiri	독자적인
kekurangan	단점	berharga	가격이다 / 가치가 있다
kelemahan	약점	memperoleh	달성하다 / (노력해) 얻다
kualitas	품질 / 질	berpotensi	잠재력을 갖다 / 힘을 갖다
pendidikan	교육	terpengaruh	영향을 받다
pengalaman	경험	terpisah	분리되다 / 헤어지다
budaya	문화	terbatas	제한된 / 한정된
langsung	바로 / 곧장	menemani	동반하다 / 수행하다
ahli	전문가	beradaptasi	적응하다
kemampuan	능력	berubah	변하다
berbahasa	(언어를) 구사하다	berbudaya	문화적인 / 진보된 생각을 가지다
pemikiran	생각	merindukan	~를 그리워하다
relasi	관계 / 연관	mengeluarkan uang	돈을 소비하다
kampung halaman	고향	lepas	벗어난
gaya hidup	생활 방식	bebas	자유로운 / 벗어난

인도네시아어 OPI

필수 패턴

01 Jika belajar di luar negeri, bisa mendapat pendidikan yang berkualitas lebih baik.
해외에서 공부를 하면, 더 양질의 교육을 받을 수 있습니다.

02 Selama belajar di negara asing, kita dapat mengenal banyak budaya yang lain.
해외에서 공부를 하는 동안, 우리는 또 다른 다양한 문화를 알 수 있습니다.

03 Menurut saya, belajar di luar negeri bagus untuk mengembangkan kemampuan berbahasa asing.
제 생각에, 해외에서 공부하는 것은 외국어 능력을 향상시키기에 좋다고 생각합니다.

04 Sebagai orang yang pernah belajar di luar negeri, belajar di luar Korea memberikan keuntungan, tetapi ada juga kekurangan.
해외에서 공부를 해 본 사람으로서, 한국 밖에서 공부하는 것은 장점도 있지만 단점도 있다고 생각합니다.

05 Kekurangan belajar di negara asing adalah susah mencari makanan yang saya sukai.
해외 유학의 단점은 제가 좋아하는 음식을 찾기가 힘들다는 것입니다.

06 Kekurangan yang terbesar adalah harus terpisah jauh dari orang tua dan keluarganya.
가장 큰 단점은 부모님 및 가족들과 멀리 떨어져야만 하는 것입니다.

인도네시아어 OPI

필수 문법

salah satu~ : ~중의 하나
salah seorang~ : ~중의 한 명

01 Pulau Jeju adalah **salah satu** pulau yang indah di Korea.
제주도는 한국의 아름다운 섬 **중 하나**이다.

02 Karyawan itu termasuk **salah seorang** anggota tim baru.
그 직원은 새 팀의 인원 **중 한 명**에 포함된다.

예시 미리보기

MP3 Track 19-01-03

Situasi kini 현재 상황

Q : Mengapa kebanyakan ingin belajar di luar negeri?
왜 대다수는 유학을 원하나요?

A : Untuk masa sekarang, kita lebih mudah pergi ke negara asing daripada masa lalu. Jadi kebanyakan mahasiswa sudah berpengalaman belajar di luar negeri dengan program pertukaran mahasiswa, pertukaran budaya, atau sepertinya. Saya sendiri juga pernah belajar di Amerika waktu kuliah dengan program pertukaran mahasiswa.
최근에 우리는 과거보다 더 쉽게 해외에 갈 수 있습니다. 그래서 많은 대학생들이 교환 학생이나, 문화 교환 프로그램 등을 통한 유학 경험이 있습니다. 저 역시 대학생 때 미국에서 교환 학생 프로그램으로 공부해 본 적이 있습니다.

다르게 말해 보기

- Kebanyakan ingin belajar di luar negeri karena kemampuan bahasa asing sangat penting untuk mendapat pekerjaan yang bagus.
  대다수가 유학을 원하는 이유는 좋은 직업을 갖는 데 외국어 능력이 굉장히 중요하기 때문입니다.
- Untuk masa sekarang, biaya hidup di luar negeri tidak begitu mahal. Oleh karena itu, banyak pelajar ingin belajar di luar negeri.
  현대에는 해외 생활비가 그다지 비싸지 않습니다. 그래서 많은 학생들이 유학을 원합니다.

예시 미리보기

MP3 Track 19-01-04

Kelebihan dan kekurangan di luar negeri 유학의 순기능과 역기능

Q : Apa kelebihan belajar di luar negeri?
유학의 장점은 무엇인가요?

A : Jika belajar di luar negeri, bisa mendapat pendidikan yang berkualitas lebih baik. Selain itu, kita dapat belajar bahasa negara itu dan juga dapat mengenal banyak budaya yang lain karena bisa bertemu dengan teman-teman yang berasal dari berbagai negara.
해외에서 공부를 하면, 더 좋은 질의 교육을 받을 수 있습니다. 이외에도 우리는 그 나라의 언어를 배울 수 있고, 다양한 국가 출신의 친구들을 만나면서 다른 많은 문화를 알 수 있습니다.

Q : Apa kekurangan belajar di luar negeri?
유학의 단점은 무엇인가요?

A : Salah satu kekurangan yang terbesar adalah harus terpisah jauh dari orang tua dan keluarga. Tambah lagi, saya susah mencari makanan Korea yang saya sukai. Walupun ada restoran Korea di luar negeri, rasanya berbeda dengan rasa di Korea.
가장 큰 단점 중 하나는 부모님 및 가족들과 멀리 떨어져 있어야 한다는 것입니다. 덧붙여, 제가 좋아하는 한국 음식을 찾는 것도 어렵습니다. 해외에 한국 음식점이 있기는 하지만 그 맛은 한국에서의 맛과 다르기 때문입니다.

☑ 다르게 말해 보기

- Selama tinggal di negara asing, kita bisa belajar bahasa asing lebih cepat dibandingkan belajar di Korea.
  해외에서 거주하는 동안 우리는 한국에서 배우는 것보다 더 빠르게 외국어를 배울 수 있습니다.
- Selama tinggal di negara asing, biaya perawatan harus ditanggung sendiri karena tidak memiliki asuransi kesehatan.
  해외에서 거주하는 동안은 건강보험이 없기 때문에 의료 비용은 본인이 책임져야 합니다.

예시 미리보기

MP3 Track 19-01-05

Pendapat saya 나의 의견

Q : Apa pendapat Anda mengenai belajar di luar negeri?
유학에 대한 당신의 의견은 어떤가요?

A : Sebagai orang yang pernah belajar di luar negeri, belajar di luar Korea tentu memberikan banyak kelebihan, tetapi ada juga beberapa kekurangan. Namun, Saya sendiri setuju dengan belajar di negara asing karena menurut saya kelebihan lebih besar dari pada kekurangan.
유학을 경험해 본 사람으로서, 한국 밖에서 공부하는 것은 당연히 많은 장점이 있지만, 몇 가지 단점도 있습니다. 그럼에도 저 스스로는 해외에서 공부하는 것에 동의하는데 왜냐하면 제 생각에는 단점보다 장점이 더 크다고 느끼기 때문입니다.

다르게 말해 보기

- Saya berpendapat tidak perlu belajar di luar negeri jika ingin belajar bahasa asing. Di Korea sudah ada banyak program yang bagus untuk belajar bahasa.
  저는 외국어를 배운다면 해외에서 공부할 필요가 없다고 생각합니다. 한국에 언어를 배울 좋은 프로그램이 이미 많기 때문입니다.
- Saya berpendapat belajar di luar negeri sangat penting untuk meninggikan karir dan mendapat pekerjaan lebih baik.
  저는 경력을 높이고, 더 좋은 직업을 갖기 위해서는 해외에서 공부하는 것이 굉장히 중요하다고 생각합니다.

직접 연습하기

아래 한글 해석을 보고 밑줄에 들어갈 알맞은 말을 쓰세요.

1. 현재 상황

Untuk masa sekarang, kita ____________________ daripada masa lalu. Jadi kebanyakan mahasiswa sudah berpengalaman belajar di luar negeri dengan program pertukaran mahasiswa, pertukaran budaya, atau sepertinya. Saya sendiri juga pernah belajar di Amerika waktu kuliah ____________________.

최근에 우리는 과거보다 더 쉽게 해외에 갈 수 있습니다. 그래서 많은 대학생들이 교환 학생, 문화 교환 프로그램 등을 통한 유학 경험이 있습니다. 저 역시 대학생 때 미국에서 교환 학생 프로그램으로 공부한 경험이 있습니다.

2. 유학의 순기능

Jika belajar di luar negeri, bisa mendapat ______________. Selain itu, kita dapat belajar bahasa negara itu dan juga dapat mengenal banyak budaya yang lain karena bisa bertemu dengan ____________________.

해외에서 공부를 하면, 더 좋은 질의 교육을 받을 수 있습니다. 이외에도 우리는 그 나라의 언어를 배울 수 있고, 다양한 국가 출신의 친구들을 만나면서 다른 많은 문화를 알 수 있습니다.

3. 유학의 역기능

Salah satu kekurangan yang terbesar adalah harus terpisah jauh dari orang tua dan keluarga. ____________________, saya susah mencari makanan Korea yang saya sukai. ______________________, rasanya berbeda dengan rasa di Korea.

가장 큰 단점 중 하나는 부모님 및 가족들과 멀리 떨어져 있어야 한다는 것입니다. 덧붙여, 제가 좋아하는 한국 음식을 찾는 것도 어렵습니다. 해외에 한국 음식점이 있기는 하지만, 그 맛은 한국에서의 맛과 다르기 때문입니다.

정답

1. lebih mudah pergi ke negara asing / dengan program pertukaran mahasiswa
2. pendidikan yang berkualitas lebih baik / teman-teman yang berasal dari berbagai negara
3. Tambah lagi / Walupun ada restoran Korea di luar negeri

실전 연습하기

해외 유학과 관련된 기사를 읽고 최근 동향과 본인의 답변을 정리해 보세요.

[현재 상황] Apakah kebanyakan ingin belajar di luar negeri?

[순기능] Apa kelebihan belajar di luar negeri?

[역기능] Apa kekurangan belajar di luar negeri?

[나의 의견] Bagaimana pendapat Anda mengenai belajar di luar negeri?

플라스틱 사용과 해결 방안

"Apa solusi untuk mengurangi penggunaan plastik?"

플라스틱 사용을 줄이기 위한 해결책은 무엇인가요?

들어가기

환경과 관련한 의견 묻기는 최근 자주 출제되는 문제입니다. 플라스틱 사용에 대한 주제 외에 지구온난화, 무분별한 생수 취수, 쓰레기로 인한 토양 오염 등 다양한 분야에서 출제되므로 환경 관련 기사를 다양하게 읽어야 합니다.

완벽! 가이드라인

MP3 Track 19-02-01

플라스틱은 가볍고 구하기 쉬우며 다른 물건과 비교해 가격이 싼 탓에 플라스틱 사용은 이미 인간 삶의 한 부분이 되었습니다. 결국, 현재 매년 1,300만 톤의 플라스틱이 바닷가에 쌓입니다.

사실, 저 역시 의식하지 않고 플라스틱을 자주 사용합니다. 우리는 이러한 정기적인 플라스틱 사용을 줄여야 합니다. 그리고 우리는 더 나은 미래의 환경을 생각해야 합니다. 우리가 플라스틱 사용을 줄이는 데 노력하지 않으면, 우리 아이들의 환경은 나빠질 것입니다.

Penggunaan plasik sudah menjadi sebagian dalam kehidupan manusia karena plastik bersifat ringan, mudah ditemukan, harganya murah di bandingkan barang yang lain. Akhirnya, saat ini 13 juta ton plastik berakhir di lautan setiap tahun.

Sebenarnya, saya juga sering menggunakan plastik tanpa disadari. Kita harus mengurangi pemakaian plastik secara berkala seperti itu. Kemudian kita harus berpikir masa depan lingkungan yang lebih baik. Jika kita tidak mengusahakan menguranginya, lingkungan untuk anak kita akan memburuk.

필수 어휘

MP3 Track 19-02-02

lingkungan (hidup)	(생활) 환경	cenderung	~에 흥미를 가지다 / 기울다
pencemaran lingkungan	환경 오염	berbahaya	위험하다
penggunaan / pemakaian	사용	mengonsumsi	소비하다 / 소모하다
plastik	플라스틱	menerapkan	~을 적용하다
kantong plastik	비닐 봉지	memanfaatkan	~을 이용하다
solusi	해결	mengolah	가공하다 / 작업하다
sampah	쓰레기	menghindari	멀리하다 / 피하다
tas belanja	쇼핑백	dibungkus	포장되다
wadah kaca	유리 용기	membahayakan	위험에 빠뜨리다
material	소재 / 원료	menyimpan	보관하다 / 저장하다
konsumsi	소비	mengandung	포함하다
daur ulang	재활용	dilarang	금지되다
sedotan	빨대	mencegah	막다 / 예방하다
botol	병	menumpuk	쌓이다
pot tanaman	화분	memungut	채집하다 / 수거하다
saluran air	수로	terbuat dari ~	~로 만들어지다

인 도 네 시 아 어 OPI

필수 패턴

이슈 말하기

01 Alasan kebanyakan memakai plastik adalah plastik bersifat ringan, mudah ditemukan, harganya murah di bandingkan barang yang lain.

대다수가 플라스틱을 사용하는 이유는 플라스틱은 가볍고, 쉽게 구할 수 있으며, 다른 물건과 비교해 가격이 싸기 때문입니다.

02 Plastik yang dibakar bisa menyebabkan pencemaran udara dan gangguan pernapasan.

소각한 플라스틱은 대기 오염 및 호흡기 문제의 원인이 될 수 있습니다.

03 Menurut saya, kita harus mengurangi menggunakan plastik untuk masa depan lingkungan yang lebih baik.

미래의 더 나은 환경을 위해서 플라스틱 사용을 줄여야만 합니다.

04 Saya juga sering menggunakan plastik tanpa disadari. Kita harus mengurangi pemakaian plastik secara berkala seperti itu.

저도 무의식적으로 플라스틱을 자주 사용합니다. 우리는 이러한 정기적인 플라스틱 사용을 줄여야 합니다.

05 Karena plastik susah terurai di tanah, tidak boleh membuang di sembarangan. Kita harus membuag sampah menurut jenisnya.

플라스틱은 땅에서 분해되지 않기 때문에, 아무데나 버려서는 안 됩니다. 우리는 반드시 분리수거를 해야 합니다.

인 도 네 시 아 어 OPI

필수 문법

의문사의 반복 - apa-apa : 아무것도
mana-mana : 어디에든 / (부정문에 쓰일 경우) 아무데도

01 Saya tidak makan **apa-apa**.

저는 **아무것도** 먹지 않았습니다.

02 Buku yang ingin kamu beli ada di **mana-mana**.

네가 사려는 책은 **어디에든** 있어.

03 Dia **tidak** pergi ke **mana-mana**.

그는 **아무데도** 가지 않았습니다.

예시 미리보기

MP3 Track 19-02-03

Situasi kini 현재 상황

Q : Bagaimana situasi penggunaan plastik untuk dewasa ini?
최근의 플라스틱 사용 상황은 어떤가요?

A : Penggunaan plasik sudah menjadi sebagian dalam kehidupan manusia karena plastik bersifat ringan, mudah ditemukan, harganya murah dibandingkan barang yang lain. Akhirnya, saat ini 13 juta ton plastik berakhir di lautan setiap tahun.
플라스틱은 가볍고 구하기 쉬우며 다른 물건과 비교해 가격이 싼 탓에 플라스틱 사용은 이미 인간 삶의 한 부분이 되었습니다. 결국, 현재 매년 1,300만 톤의 플라스틱이 바닷가에 쌓입니다.

다르게 말해 보기

- Baru-baru ini, beberapa kafe yang terkenal sudah mengganti sedotan plastik dengan sedotan kertas untuk mengurangi penggunaan plastik.
  최근 몇몇 유명한 카페는 플라스틱 사용을 줄이기 위해 플라스틱 빨대를 종이 빨대로 바꾸었습니다.
- Banyak orang sudah mengetahui masalah penggunaan plastik sehingga mereka juga ikut gerakan pengurangan sampah plastik.
  많은 사람들이 플라스틱 사용 문제를 알고 있기 때문에 그들은 플라스틱 쓰레기 줄이기 운동에 참여하기도 합니다.

예시 미리보기

MP3 Track 19-02-04

Masalah dengan penggunaan plastik 플라스틱 사용의 문제점

Q : Ada masalah apa dengen penggunaan plastik?
플라스틱 사용의 문제점은 무엇인가요?

A : Seperti kita sudah mengetahui, plastik sulit terurai di tanah. Jika membakar bahan plastik, masalah ini dapat menyebabkan pencemaran udara dan gangguan pernapasan.
우리가 알고 있듯이 플라스틱은 땅에서 분해되기 어렵습니다. 플라스틱 물품을 소각할 경우, 이 문제는 대기 오염 및 호흡곤란의 원인이 될 수 있습니다.

Q : Apa solusi untuk mengurangi penggunaan plastik?
플라스틱 사용을 줄이기 위한 해결 방안은 무엇인가요?

A : Untuk mengurangi penggunaan plastik, kita dapat menerapkan beberapa hal dalam kehidupan sehari-hari. Yang pertama, kita dapat menggunakan tas belanja yang terbuat dari kain. Selain itu, sisa makanan yang sering disimpan di dalam wadah plastik juga dapat disimpan di dalam wadah kaca.
플라스틱 사용을 줄이기 위해 우리는 일상에서 몇 가지를 적용시킬 수 있습니다. 첫 번째로, 우리는 천으로 만든 쇼핑백을 사용할 수 있습니다. 이외에도 주로 플라스틱 용기에 보관하는 남은 음식들을 유리 용기에 보관할 수 있습니다.

다르게 말해 보기

- Sebenarnya, para pemerintah dan lembaga sudah melaksanakan beberapa gerakan dan kebijakan untuk menurangi sampah plastik.
  사실 각 정부와 기관들은 플라스틱 쓰레기를 줄이기 위해 몇 가지 활동과 정책들을 시행하고 있습니다.
- Untuk mengatasi masalah penggunaan plastik, kita bisa melakukan tindakan yang kecil seperti menggunakan sedotan kertas, membawa botol minuman yang dapat digunakan kembali.
  플라스틱 사용 문제를 해결하기 위해서, 우리는 종이 빨대를 사용하거나 재사용 가능한 음료 병을 가지고 다니는 것과 같이 작은 것을 실천할 수 있습니다.

예시 미리보기

MP3 Track 19-02-05

Pendapat saya 나의 의견

Q : Apa pendapat Anda mengenai penggunaan plastik?
플라스틱 사용에 대한 당신의 생각은 어떤가요?

A : Sebenarnya, saya juga sering menggunakan plastik tanpa disadari. Kita harus mengurangi pemakaian plastik secara berkala seperti itu. Kemudian kita harus berpikir masa depan lingkungan yang lebih baik. Jika kita tidak mengusahakan menguranginya, lingkungan untuk anak kita akan memburuk.
사실, 저 역시 의식하지 않고 플라스틱을 자주 사용합니다. 우리는 이러한 정기적인 플라스틱 사용을 줄여야 합니다. 그리고 우리는 더 나은 미래의 환경을 생각해야 합니다. 우리가 플라스틱 사용을 줄이는 데 노력하지 않으면, 우리 아이들의 환경은 나빠질 것입니다.

다르게 말해 보기

- Sebenarnya, penggunaan sedotan kertas atau wadah kaca kurang nyaman dibandingkan yang terbuat dari plastik. Meskipun begitu, kita perlu memelihara lingkungan alam untuk masa depan kita.
  사실, 종이 빨대나 유리 용기의 사용이 플라스틱으로 만들어진 것보다 편하지는 않습니다. 그럼에도 불구하고 우리는 미래를 위해 자연 환경을 보호할 필요가 있습니다.
- Kerusakan lingkungan semakin meningkat lantaran kurang kepeulian masunia terhadap lingkungan. Salah satunya, penggunaan plasitk.
  환경에 대한 인간의 관심 부족으로 인해서 환경 파괴가 점점 심해지고 있습니다. 그 중의 하나가 플라스틱 사용입니다.

직접 연습하기

아래 한글 해석을 보고 밑줄에 들어갈 알맞은 말을 쓰세요.

1. 현재 상황

Penggunaan plasik sudah menjadi sebagian dalam kehidupan manusia karena plastik bersifat ringan, mudah ditemukan, harganya murah ____________________. Akhirnya, saat ini 13 juta ton plastik ____________________ setiap tahun.

플라스틱은 가볍고 구하기 쉬우며 다른 물건과 비교해 가격이 싼 탓에 플라스틱 사용은 이미 인간 삶의 한 부분이 되었습니다. 결국, 현재 매년 천삼백 만 톤의 플라스틱이 바다에 쌓입니다.

2. 해결 방안

Untuk mengurangi penggunaan plastik, ____________________ dalam kehidupan sehari-hari. ____________________, kita dapat menggunakan tas belanja yang terbuat dari kain. ____________, sisa makanan yang sering disimpan di dalam wadah plastik juga dapat disimpan di dalam wadah kaca.

플라스틱 사용을 줄이기 위해 우리는 일상에서 몇 가지를 적용시킬 수 있습니다. 첫 번째로, 우리는 천으로 만든 쇼핑백을 사용할 수 있습니다. 이외에도 주로 플라스틱 용기에 보관하는 남은 음식들을 유리 용기에 보관할 수 있습니다.

3. 나의 의견

____________, saya juga sering menggunakan plastik tanpa disadari. Kita harus mengurangi pemakaian plastik ________________ seperti itu. Kemudian kita harus berpikir masa depan lingkungan yang lebih baik.

사실, 저 역시 의식하지 않고 플라스틱을 자주 사용합니다. 우리는 이러한 정기적인 플라스틱 사용을 줄여야 합니다. 그리고 우리는 더 나은 미래의 환경을 생각해야 합니다.

정답

1. dibandingkan barang yang lain / berakhir di lautan
2. kita dapat menerapkan beberapa hal / Yang pertama / Selain itu
3. Sebenarnya / secara berkala

실전 연습하기

플라스틱 사용과 관련된 기사를 읽고 최근 동향과 본인의 답변을 정리해 보세요.

[현재 상황] Bagaimana situasi penggunaan plastik untuk dewasa ini?

[문제점] Apa masalah dengen penggunaan plastik?

[해결 방안] Apa solusi untuk mengurangi penggunaan plastik?

[나의 의견] Apa pendapat Anda mengenai penggunaan plastik?

복지의 책임은 누구에게 있는가?

"Siapa yang harus bertanggung jawab atas kesejahteraan sosial?"

사회 복지에 대한 책임은 누구에게 있나요?

들어가기

복지와 관련한 문제는 주제를 넓게 다루는 것이 좋습니다. 은퇴 후의 노인에 대한 책임, 의료에 대한 책임, 일자리 창출에 대한 책임 등 복지에 대한 정부와 개인의 책임을 물어보는 문제가 주를 이룹니다. IH 이상을 획득하고자 한다면 반드시 준비해야 합니다.

완벽! 가이드라인

MP3 Track 19-03-01

의료 보험 관점에서 설명한다면, 예를 들어 한국 국민은 정부가 건강 보험을 보장해 주기 때문에 낮은 가격으로 의료 서비스를 받을 수 있습니다. 반면 미국인은 그들의 건강을 위해 많은 비용을 지출해야 하는데 정부의 지원이 없기 때문입니다.

저는 두 가지 측면 모두를 봐야 한다고 생각합니다. 스칸디나비아 국가들은 국민의 삶을 만족시킬 수 있는 사회 복지 제도를 가지고 있지만 이를 위해 너무 큰 세금을 부담해야 합니다.

저 스스로는 한국의 사회 복지 제도에 동의하는데 이 시스템으로 모든 국민이 아플 때 쉽게 치료를 받을 수 있고 세금도 너무 무겁지 않기 때문입니다.

Jika menjelaskan di sisi jaminan kesehatan, misalnya penduduk Korea dapat menikmati layanan kesehatan dengan biaya yang rendah karena pemerintah menjamin jaminan kesehatan. Namun, warga Amerika perlu mengeluarkan biaya yang tinggi untuk kesehatan mereka sebab tidak ada dukungan pemerintah.

Menurut saya, harus melihat dua sisi semua. Negara-negara Skandinavia memiliki model kesejahteraan sosial yang dapat memuaskan kehidupan masyarakat, tetapi harus membayar pajak yang terlalu besar untuk itu.

Saya sendiri, setuju dengan sistem kesejahteraan sosial Korea karena dengan sistem ini semua warga bisa dirawat dengan mudah waktu sakit dan pajak juga tidak terlalu berat.

필수 어휘

MP3 Track 19-03-02

kesejahteraan sosial	사회 복지	mengundur diri	퇴사하다
jaminan sosial	사회 보장	pensiun	퇴직하다
kesenjangan sosial	사회 격차	mematuhi	(법규 등을) 지키다
pelayanan sosial	사회 서비스	melindungi	보호하다 / 지키다
keadilan sosial	사회 평등	memperluas	넓히다 / 확장하다
masalah sosial	사회 문제	menyerahkan	넘기다 / 위임하다
jaminan kesehatan / asuransi medis	의료 보험	hukum	법
kemiskinan	가난	menjamin	보장하다
pengangguran	실업	mencakup	포용하다 / 다루다
buruh	노동자 / 근로자	mempengaruhi	~에 영향을 미치다
peran	역할	menyesuaikan	조정하다 / 맞추다
ketidakseimbangan	불균형	melembaga	제도화하다
upah minimum	최저 임금	meninggikan	높이다
pendidikan	교육	merata	평준화되다
keahlian	전문성 / 숙련성	menyediakan	준비하다
jaminan pensiun	연금 보험	mempermudah	더 쉽게 만들다 / 더 용이하게 만들다

인 도 네 시 아 어 O P I

필수 패턴

이슈 말하기

01 Setiap negara memiliki model sistem kesejahteraan sosial yang berbeda.
각각의 나라가 다른 사회 보장 시스템 모델을 가지고 있습니다.

02 Masyarakat Korea dapat menikmati layanan kesehatan dengan biaya yang sangat rendah karena pemerintah menjamin jaminan kesehatan.
정부가 건강 보험을 보증해 주기 때문에 한국 국민은 상당히 낮은 가격으로 의료 서비스를 받을 수 있습니다.

03 Pemerintah harus menjamin kesejahteraan untuk meningkatkan kualitas hidup masyarakat.
정부는 국민의 삶의 질을 향상시키기 위해 반드시 복지를 보장해야 합니다.

04 Menurut saya kesejateraan sosial harus ditanggung jawab masyarakat sendiri untuk menjaga kualitas dan kecepatan layanan.
제 생각에 사회 복지는 서비스의 질과 속도를 지키기 위해 국민 개인이 책임져야 합니다.

05 Sistem kesejateraan sosial harus seperti negara-negara Skandinavia karena jika kesejateraan sosial sudah lengkap seperti negara tersebut, tidak perlu persaingan yang ketat.
사회 복지 제도는 스칸디나비아 국가들처럼 되어야 하는데 언급한 국가들처럼 사회 복지가 갖춰지면 치열한 경쟁이 필요 없어지기 때문입니다.

인 도 네 시 아 어 O P I

필수 문법

형용사의 반복 - cepat 빠른 / cepat-cepat 매우 빨리, 서둘러
baik 좋은 / baik-baik 매우 좋은, 진심으로

01 Saya diseruh **cepat-cepat** karena sebentar lagi kereta akan datang.
기차가 곧 도착할 참이라 제게 **서두르라고** 하였습니다.

02 Saya **baik-baik** saja.
저는 **아주 잘** 지내요.

예시 미리보기

MP3 Track 19-03-03

Situasi kini 현재 상황

Q : Model kesejahteraan sosial ada apa saja?
사회 복지의 모델에는 어떤 것들이 있나요?

A : Setiap negara memiliki model sistem kesejahteraan sosial yang berbeda. Jika menjelaskan di sisi jaminan kesehatan, misalnya penduduk Korea dapat menikmati layanan kesehatan dengan biaya yang rendah karena pemerintah menjamin jaminan kesehatan. Namun, warga Amerika perlu mengeluarkan biaya yang tinggi untuk kesehatan mereka sebab tidak ada dukungan pemerintah.
각각의 나라가 다른 사회 보장 시스템 모델을 가지고 있습니다. 의료 보험 관점에서 설명한다면, 예를 들어 한국 국민은 정부가 건강 보험을 보장해 주기 때문에 낮은 가격으로 의료 서비스를 받을 수 있습니다. 반면 미국인은 그들의 건강을 위해 많은 비용을 지출해야 하는데 정부의 지원이 없기 때문입니다.

다르게 말해 보기

- Pemerintah negara Skandinavia menyediakan jaminan sosial kepada semua warga negara secara melembaga dan merata.
  스칸디나비아 국가의 정부는 제도적이고 공평한 방식으로 모든 국민들에게 사회 보장을 제공합니다.
- Tujuan kesejahteraan adalah menurunkan kemiskinan dan memenuhi kebutuhan dasar setiap warga. Kesejahteraan juga mendorong kesamaan sosial dan menurunkan kesenjangan sosial.
  복지의 목표는 빈곤을 줄이고 국민 개개인의 최소한의 비용을 충족하는 것입니다. 복지는 또한 사회 평등을 이끌고, 사회 격차를 줄입니다.

예시 미리보기

MP3 Track 19-03-04

Tanggung jawab atas kesejahteraan sosial 사회 복지의 책임

[정부의 책임]

Q : Apakah pemerinah harus bertanggung jawab atas kesejahteraan sosial?

정부가 사회 복지를 책임져야 하나요?

A : Peran pemerintah adalah menjaga semua warga sehingga kesejahteraan juga harus ditanggung oleh negara. Kemudian jaminan sosial dibutuhkan untuk menjamin seluruh rakyat, khususnya kaum miskin agar dapat memenuhi kebutuhan dasar.

정부의 역할은 모든 국민을 지키는 것이므로 복지 역시 국가가 책임져야 합니다. 그리고 사회 보장은 모든 국민들을 책임지고, 특히 빈곤층의 기본 요구를 충족시키기 위해 필요합니다.

[개인의 책임]

Q : Apakah warga sendiri harus bertanggung jawab atas kesejahteraan sosial?

사회 복지에 대해 국민 개인이 책임져야 하나요?

A : Walau pun kesejahteraan sosial adalah peran pemerintah, biaya jaminan sosial makin memberatkan bagi keuangan warga jika jaminan sosial semakin meningkat. Jadi kesejahteraan perlu ditanggung oleh warga sendiri.

사회 복지가 정부의 책임일지라도 사회 보장이 증대될수록 가계 경제의 부담은 늘어날 수밖에 없습니다. 그러므로 복지는 국민 개인이 책임질 필요가 있습니다.

다르게 말해 보기

- Setiap warga memiliki hak sendiri untuk memilih layanan sosial tanpa diwajibkan oleh pemerintah.
  국민 개개인은 정부에 의해 의무화 된 것 외에 사회 서비스를 스스로 선택할 권리가 있습니다.
- Pemerintah harus menjamin kesejahteraan untuk meningkatkan kualitas hidup masyarakat.
  정부는 국민의 삶의 질을 향상시키기 위해 반드시 복지를 보장해야 합니다.

예시 미리보기

MP3 Track 19-03-05

Pendapat saya 나의 의견

Q : Apa pendapat Anda mengenai kesejahteraan sosial?
시회 복지에 대한 당신의 생각은 무엇인가요?

A : Menurut saya, harus melihat dua sisi semua. Negara-negara Skandinavia memiliki model kesejahteraan sosial yang dapat memuaskan kehidupan masyarakat, tetapi harus membayar pajak yang terlalu besar untuk itu.

Saya sendiri, setuju dengan sistem kesejahteraan sosial Korea karena dengan sistem ini semua warga bisa dirawat dengan mudah waktu sakit dan pajak juga tidak terlalu berat.

저는 두 가지 측면 모두를 봐야 한다고 생각합니다. 스칸디나비아 국가들은 국민의 삶을 만족시킬 수 있는 사회 복지 제도를 가지고 있지만 이를 위해 너무 큰 세금을 부담해야 합니다.

저 스스로는 한국의 사회 복지 제도에 동의하는데 이 시스템으로 모든 국민이 아플 때 쉽게 치료를 받을 수 있고 세금도 너무 무겁지 않기 때문입니다.

다르게 말해 보기

- Menurut saya kesejateraan sosial harus ditanggung jawab masyarakat sendiri untuk menjaga kualitas dan kecepatan layanan.
  제 생각에 사회 복지는 서비스의 질과 속도를 지키기 위해 국민 개인이 책임져야 합니다.
- Sistem kesejateraan sosial harus seperti negara Skandinavia, yaitu Norwegia, Denmark, Finlandia dan lain-lainnya. Karena jika kesejateraan sosial sudah lengkap seperti negara tersebut, tidak perlu persaingan yang ketat.
  사회 복지 제도는 스칸디나비아 국가 즉 노르웨이, 덴마크, 핀란드와 같은 나라처럼 되어야 합니다. 보기에 언급한 국가들처럼 사회 복지가 갖춰지면 치열한 경쟁이 필요 없어지기 때문입니다.

직접 연습하기

아래 한글 해석을 보고 밑줄에 들어갈 알맞은 말을 쓰세요.

1. 현재 상황

Setiap negara memiliki model sistem kesejahteraan sosial yang berbeda. Jika menjelaskan di sisi jaminan kesehatan, misalnya Penduduk Korea dapat menikmati ______________________ karena pemerintah menjamin jaminan kesehatan. Namun, warga Amerika perlu mengeluarkan banyak uang untuk kesehatan mereka sebab ______________________.

각각의 나라가 다른 사회 보장 시스템 모델을 가지고 있습니다. 의료 보험 관점에서 설명한다면, 예를 들어 한국 국민은 정부가 건강 보험을 보증해 주기 때문에 낮은 가격으로 의료 서비스를 받을 수 있습니다. 반면 미국인은 그들의 건강을 위해 많은 돈을 지출해야 하는데 정부의 지원이 없기 때문입니다.

2. 정부의 책임

Peran pemerintah adalah menjaga semua warga sehingga kesejahteraan juga harus ______________________. Kemudian jaminan sosial dibutuhkan untuk ______________________, khususnya kaum miskin agar dapat memenuhi kebutuhan dasar.

정부의 역할은 모든 국민을 지키는 것이므로 복지 역시 국가가 책임져야 합니다. 그리고 사회 보장은 모든 국민들을 책임지고, 특히 빈곤층의 기본 요구를 충족시키기 위해 필요합니다.

3. 개인의 책임

Walaupun kesejahteraan sosial adalah peran pemerintah, biaya jaminan sosial makin memberatkan bagi keuangan warga jika ______________________. Jadi kesejahteraan perlu ______________________.

사회 복지가 정부의 책임일지라도 사회 보장이 증대될수록 가계 경제의 부담은 늘어날 수밖에 없습니다. 그러므로 복지는 국민 개인이 책임질 필요가 있습니다.

정답

1. layanan kesehatan dengan biaya yang rendah / tidak ada dukungan pemerintah
2. ditanggung oleh negara / menjamin seluruh rakyat
3. jaminan sosial semakin meningkat / perlu ditanggung oleh warga sendiri

실전 연습하기

사회 복지와 관련된 기사를 읽고 최근 동향과 본인의 답변을 정리해 보세요.

[현재 상황] Model kesejahteraan sosial ada apa saja?

[정부의 책임] Apakah pemerintah harus bertanggung jawab atas kesejahteraan sosial?

[개인의 책임] Apakah warga sendiri harus bertanggung jawab atas kesejahteraan sosial?

[나의 의견] Apa pendapat Anda mengenai kesejahteraan sosial?

자유롭게 연습하기

PART 4

마무리 하기

Bab 20

마무리하기

질문 유형

- **Anda akan melakukan apa setelah ujian ini?**

이 시험 이후에는 무엇을 할 건가요?

마무리하기

"Anda akan melakukan apa setelah ujian ini?"

이 시험 이후에는 무엇을 할 건가요?

들어가기

현재 시각이나 시험 이후에 무엇을 할 것인지 계획을 물어본다면 시험의 마지막 단계에 왔음을 의미합니다. 마지막 질문인 경우가 많으므로, 긴장을 놓지 않되 가벼운 대답으로 시험을 마무리 하는 것이 좋습니다.

완벽! 가이드라인

MP3 Track 20-01

01 Saya akan kembali ke kantor lagi setelah selesai ujian ini.
저는 시험이 끝나면, 다시 회사로 돌아갈 계획입니다.

02 Sekarang jam 10 lewat 20 menit.
지금은 10시 20분입니다.

03 Hari ini lebih panas daripada kemarin.
오늘은 어제보다 덥습니다.

04 Saya berharap mudah-mudahan hasil ujian ini juga bagus.
저는 모쪼록 시험 결과도 잘 나오길 바랍니다.

필수 어휘

MP3 Track 20-02

jam	시간 / 시계	kemampuan	능력
rencana	계획	pertanyaan	질문
kampus	학교 / 캠퍼스	komentar	의견
kantor	사무실	semalam	어젯밤
rumah	집	langsung	곧바로
makan siang	점심	suatu hari nanti	언젠가 / 다음에
stasiun Seoul	서울역	panas	더운 / 뜨거운
bandara Gimpo	김포공항	dingin	추운 / 차가운
antre	줄 / 줄서다	selesai	끝나다
setengah	1/2(반)	kembali	돌아가다
seperempat	1/4	pulang	귀가하다 / 돌아가(오)다
tiga perempat	3/4	melakukan	행하다
cerah	맑은	terasa	느껴지다
turun hujan	비가 내리다	gugup	긴장하다 / 겁먹다
cuaca	날씨	memuaskan	만족시키다
kelihatannya	~처럼 보이다	bangga	자랑스러운

인 도 네 시 아 어 O P I

필수 패턴

01 Saya akan kembali ke kantor lagi setelah selesai ujian ini.

저는 시험이 끝나면, 다시 회사로 돌아갈 계획입니다.

02 Sekarang jam 12 tepat.

지금은 12시 정각입니다.

03 Saya akan pulang naik kereta bawah tanah.

저는 지하철을 타고 돌아갈 것입니다.

인 도 네 시 아 어 O P I

어떠한 수단을 타고 이동할 때 전치사 **naik** 혹은 **dengan**을 씁니다.

naik / dengan : ~를 타고

01 Saya akan kembali ke kantor **naik** kereta bawah tanah.

저는 지하철**을 타고** 사무실로 돌아갈 것입니다.

02 Saya sedang pergi ke supermarket **naik** bus dengan ibu saya.

저는 어머니와 버스**를 타고** 슈퍼마켓에 가는 중입니다.

03 Saya akan pulang **dengan** sepeda.

저는 자전거**를 타고** 귀가할 것입니다.

04 Kadang-kadang saya pergi kerja **dengan** taksi.

가끔 저는 택시**를 타고** 출근합니다.

예시 미리보기

질문 유형

- Anda akan melakukan apa setelah ujian ini?
  이 시험 이후에 무엇을 할 건가요?
- Anda akan pergi ke mana setelah ujian ini?
  이 시험 이후에 어디에 갈 건가요?

MP3 Track 20-03

답변 유형

1. Saya akan kembali ke kantor lagi setelah selesai ujian ini.
   저는 시험이 끝나면, 다시 회사로 돌아갈 계획입니다.
2. Saya akan langsung pulang ke rumah karena tidak bisa tidur semalam.
   저는 어제 잠을 자지 못했기 때문에 바로 집으로 갈 것입니다.
3. Saya akan pergi ke kampus karena nanti ada kuliah.
   저는 나중에 강의가 있기 때문에 학교로 갈 것입니다.
4. Saya akan makan siang dengan teman saya sesudah ujian ini.
   이 시험 이후에 저는 친구와 점심을 먹을 것입니다.
5. 나의 상황 쓰기

   ____

예시 미리보기

질문 유형

- Jam berapa sekarang?
  지금 몇 시인가요?
- Sekarang di Korea jam berapa?
  지금 한국은 몇 시인가요?

MP3 Track 20-04

답변 유형

1. Sekarang jam 10 lewat 20 menit.
   지금은 10시 20분입니다.
2. Sekarang jam setengah 1.
   지금은 12시 30분입니다.
3. Sekarang jam 11 tepat.
   지금은 11시 정각입니다.
4. Sekarang jam 12 kurang seperempat.
   지금은 12시 15분 전입니다.
5. 나의 상황 쓰기

   ____

예시 미리보기

질문 유형

- Bagaimana cuaca hari ini?
  오늘 날씨는 어떤가요?
- Bagaimana cuaca di Seoul sekarang?
  지금 서울의 날씨는 어떤가요?

MP3 Track 20-05

답변 유형

1. Cuaca di Seoul sangat cerah.
   서울의 날씨는 정말 맑습니다.
2. Sekarang turun hujan di Seoul.
   지금 서울에는 비가 내리고 있습니다.
3. Hari ini lebih panas daripada kemarin.
   오늘은 어제보다 덥습니다.
4. Hari ini kurang dingin daripada kemarin.
   오늘은 어제보다 덜 춥습니다.
5. 나의 상황 쓰기

   ____

예시 미리보기

질문 유형

- Ada komentar untuk ujian hari ini?
  오늘 시험에 남기고 싶은 소감이 있나요?
- Apa pendapat Anda dengan ujian hari ini?
  오늘 시험에 대한 당신의 생각은 어떤가요?

MP3 **Track 20-06**

답변 유형

1. Saya senang mengikuti ujian hari ini karena bisa mengecek kemampuan bahasa Indonesia saya. Saya berharap mudah-mudahan hasil ujian ini juga bagus.

저는 오늘 시험을 치를 수 있어서 기뻤는데 저의 인도네시아어 능력을 확인할 수 있었기 때문입니다. 저는 모쪼록 시험 결과도 잘 나오길 바랍니다.

2. Jujurnya, beberapa pertanyaan masih susah untuk saya jawab. Saya merasa perlu belajar bahasa Indonesia lebih keras daripada sekarang.

솔직히 몇몇 질문은 제가 대답하기에 어려웠습니다. 저는 지금보다 더 열심히 인도네시아어 공부를 할 필요가 있다고 느꼈습니다.

3. Ujian hari ini terasa sangat sulit karena gugup. Suatu hari nanti saya ingin mengikuti ujian ini lagi agar dapat menjawab lebih baik.

오늘 시험은 긴장을 해서 정말 어렵게 느껴졌습니다. 다음에 저는 대답을 더 잘 할 수 있도록 다시 시험에 응시할 것입니다.

4. 나의 상황 쓰기

____

____

실전 연습하기

나만의 실전 노트를 만들어 보세요.

1. Jam berapa sekarang?

   ______________________________.

2. Cuaca di Seoul bagaiaman?

   ______________________________.

3. Anda akan melakukan apa setelah ujian ini?

   ______________________________.

4. Apa pendapat Anda dengan ujian hari ini?

   ______________________________.

PART 1. 직접 연습하기 답안

Bab 1 자기 소개

이름	A: Nama saya Park Jin Yeong.
나이	A: Umur saya 24 tahun.
출신지	A: Saya lahir di Busan, Korea. / Saya berasal dari Busan, Korea.
취미	A: Hobi saya menonton film.
학교	A: Saya belajar di Universitas Korea. Jurusan saya sastra Indonesia.
가족	A: Anggota keluarga saya 5 orang, yaitu orang tua, 2 orang kakak laki-laki, dan saya.
결혼 여부	A: Belum. Saya belum menikah.

Bab 2 취미 소개

취미	A: Hobi saya menonton film.
빈도	A: Biasanya saya menonton film sebulan 2 sampai 3 kali pada akhir minggu.
기간	A: Saya suka menonton film sejak saya masih kecil.
장소	A: Saya suka menonton film di bioskop.
인원	A: Saya suka menonton film dengan siapa saja.
이유	A: Saya suka menonton film karena saya bisa menonton cerita yang bermacam-macam, serta bisa menghilangkan stres. Ada lagi, saya bisa menikmati popcorn sambil menontonnya.

Bab 3 가족 소개

결혼 여부	A: Saya belum menikah tetapi sudah mempunyai pacar.
가족 구성원	A: Anggota keluarga saya 5 orang, yaitu orang tua, 2 orang kakak laki-laki, dan saya.
부모님 직업	A: Ayah saya adalah seorang pegawai negeri, tetapi beliau akan pensiun tahun ini. Ibu saya adalah seorang ibu rumah tangga.
형제 유무	A: Saya memiliki 2 orang kakak laki-laki.
형제 결혼 여부	A: Kakak pertama sudah berkeluarga, tetapi kakak kedau masih belum menikah.
가족의 성격	A: Ayah saya bersifat pendiam dan serius tetapi selalu baik dengan keluarga kami.
가족의 외모	A: Ibu saya berbadan pendek, berambut lurus, dan bermata besar.

Bab 4 묘사하기

거주지 1	A: Rumah saya berada di Yongsan.
거주지 2	A: Saya tinggal di sebuah apartemen.

거주지 주변 1 A: Di dekat rumah saya ada taman sungai Han.

거주지 주변 2 A: Jika 10 menit berjalan kaki, ada stasiun Yongsan. Saya selalu naik kereta bawah tanah di sana waktu bekerja.

거주지 주변 3 A: Di stasiun Yongsan ada juga mal yang besar, yaitu I-Park Mall, sehingga saya sering berbelanja di sana setelah pulang kerja.

만족도 A: Ya. Saya suka daerah Yongsan karena saya bisa hidup harmonis dengan alam.

Bab 5 직장 소개

회사 A: Saya sudah 7 tahun bekerja di PT ABC.

분야 A: Saya bekerja di bagian makanan dan minuman.

직책 A: Jabatan saya peneliti senior.

주요 업무 A: Tugas saya adalah mengembangkan produk baru.

업무 환경 A: Karena saya sering pergi ke mana-mana, saya jarang ada di dalam kantor. Saya bertemu dengan orang baru dan mengalami banyak lingkungan yang baru di luar kantor.

Bab 6 전공 소개

전공 A: Saya mengambil jurusan ilmu statistik waktu kuliah.

선택 이유 A: Karena saya suka angka dan menganalis data-data.

복수 전공 A: Jurusan kedua saya sastra Inggris.

선택 이유 A: Karena bahasa Inggris adalah bahasa resmi yang paling umum di dunia.

직무 연관 A: Ya. Saya sedang bekerja di tim marketing. Saya menganalis selera konsumen dengan menggunakan berbagai metode. Kemudian, saya bisa menganalis data-data dalam bahasa Inggris karena sudah belajarnya dengan rajin waktu kuliah.

Bab 7 대중교통 이용

대중교통 선호도 A: Sebenarnya saya jarang menggunakan transportasi umum karena saya tidak suka tempat yang ramai.

이용 경우 A: Saya menggunakan transportasi umum waktu minum minuman keras dengan teman-teman atau tidak mau macet di jalan.

이용 수단 A: Saya naik kereta bawah tanah waktu datang ke sini.

소요 시간 A: Dari rumah saya sampai di tempat ujian memakan waktu kurang lebih 1 jam. Saya berangkat dari rumah jam 9 pagi, lalu saya sampai di tempat ujian sekitar jam 10.

Bab 8 인도네시아 경험

거주 경험 A: Belum. Saya belum pernah tinggal di Indonesia.

방문 계획 A: Ya, mungkin saya akan pergi ke Indonesia tahun depan.

체류 기간 A: Saya akan tinggal di sana selama 1 tahun.

체류 지역 A: Saya ingin tinggal di dekat Universitas Indonesia.

체류 목적 A: Karena saya ingin belajar bahasa dan budaya Indonesia di sana dengan program pertukaran mahasiswa

Bab 9 인도네시아어 공부

학습 이유 A: Saya belajar bahasa Indonesia karena saya memilih jurusan sastra Indoensia.

학습 기간 A: Saya sudah 2 tahun belajar bahasa Indonesia.

학습 방법 A: Saya selalu belajar terlebih dahulu sendiri. Kemudian saya belajar dengan dosen Korea dan Indonesia di kelas mata kuliah.

난이도 A: Waktu saya mahasiswa baru saya merasa belajar bahasa Indonesia mudah. Tetapi lama-lama belajar bahasa Indonesia makin susah.

어려운 이유 A: Karena tata bahasa Indonesia jauh berbeda dengan tata bahasa Korea, dan harus menghafal banyak kosakata yang baru.

Bab 10 하루 일과

기상 A: Hampir setiap hari saya bangun jam 7 pagi.

등교 A: Saya berangkat ke kampus sebelum jam 8.

일과 내용 A: Pada jam 8 pagi, saya masuk kelas bahasa Inggris. Pada siang hari biasanya ada kelas mata kuliah.

점심 식사 A: Sekitar jam 12 siang, saya makan siang di kantin dengan teman-teman.

여가 시간 A: Saya biasa menonton TV sendiri sesudah pulang dari luar, lalu tidur jam 11 malam.

Bab 11 날씨 표현

선호 계절 A: Saya paling suka musim panas.

이유 A: Karena saya bisa bermain olahraga pantai atau laut serta bisa makan naeng-myeon, mi dingin.

불호 계절 A: Saya tidak suka musim dingin.

이유 A: Karena musim dingin di Korea terlalu dingin dan waktu siangnya pendek.

오늘 날씨 A: Cuaca Korea untuk saat ini mendung dan berawan.